PARIS DECO

textes **édith pauly**
photographies **sandrine alouf**

Romantique Antiques
Vintage Treasure Troves
Curiosity Shops

PARIS DECO

BROCANTES DE CHARME
TRÉSORS VINTAGE
CABINETS DE CURIOSITÉ

À la curiosité, moteur de toutes les passions, à celle
qui anime les gens que j'aime et à Tante Malène
qui sut éveiller la mienne quand j'étais enfant.

To curiosity, mistress of all passions, especially the
curiosity driving those I love, and to Tante Malène,
who did me the favor of arousing my curiosity, as a child.

É. P.

Au brol de ma Youyou, qui m'a tant inspirée
À Philippe Peron, pour sa manière si bucolique de chiner
À ce plaisir toujours renouvelé de découvrir la beauté là
où on ne l'attend pas
À vous, objets délaissés, qui nous racontez
poétiquement des histoires.

To my Youyou's hodgepodge, source of so much
inspiration
To Philippe Peron, for his bucolic way of hunting antiques
To the pleasure, eternally renewed, of discovering beauty
in unexpected places
To you, abandoned objects, who have such poetic stories
to tell us.

S. A.

Sommaire... *Table of contents*

À l'Orientale 9
Astier de Villatte 13
Galerie Alexis Lahellec 17
Design & Things 17
L'Œil du Pélican 21
Rarissime 25
As'Art 29
Rickshaw 33
Rickshaw Textiles 33
Balouga 39
La Calinière 43
Galerie Dansk 47
Images et Portraits 51
Jérôme Lepert 55
Weber Métaux et Plastiques 59
Au Bon Usage 63
Au Petit Bonheur la Chance 67
Aux Trois Singes 71
Cuisinophilie 75
Fiesta 79
Fuchsia 83
Les Touristes 87
Claude Nature 91
Dans l'air du temps 95
La Tortue Électrique 99
Masala 103
À la Mine d'Argent 107
Deyrolle 111
Kin Liou 115
Et Puis c'est Tout 119
Brokatik 123
Loulou les Âmes Arts 127

Au Progrès 131
Carouche 135
Le Château de ma mère 139
Complément d'objet 143
Les Curieuses 147
Les Frères Nordin 151
La Maison 155
Trolls et Puces 159
Belle Lurette 159
Caravane Emporium 165
Caravane Chambre 165
Les Modernistes 169
Les Portes du Monde 173
Les Puces de Vanves 177
Le Temps Suspendu 181
Au Présent du Passé 185
Aux Salles de Bains rétro 189
Antiquités Delacroix 193
De l'autre côté de la Butte 197
L'Objet qui parle 201
Pages 50/70 205
Tombées du camion 209
Zut 213
Antiquités-Curiosités 217
Agapè 221
XXO 225
Les Puces de Saint-Ouen 229

CARNET D'ADRESSES /
List of addresses 235

Introduction

 Chineurs et farfouilleurs de tout acabit, souvenez-vous des greniers obscurs, des malles à l'odeur de cuir vieilli, des cartons poussiéreux, de ces instants indescriptibles, doux mélange de crainte et d'excitation éprouvé à l'idée des trésors enfouis que, bien sûr, vous alliez découvrir là, cachés depuis des lustres ! Imaginez maintenant Paris comme une vaste carte aux trésors, où, en suivant les itinéraires tracés par nos soins, vous pourriez dénicher un ex-voto marin, une baratte à beurre, un fauteuil tout de cuir patiné par le temps, une chaise d'Arne Jacobsen, un fume-cigarette en écume de mer, des parures de lin brodées, des portes indiennes, des horloges de gare, des vestiaires d'usine, bref un véritable inventaire à la Prévert. Vous ébauchez un sourire, et un début de frénésie commence à vous agiter ! Alors plongez dans cette manne d'adresses parisiennes qui comblera tous vos désirs d'excursions dans le passé, vos envies de fouiner, à la recherche d'un objet imprévu, inconnu, d'une surprise petite ou grande. Paris est une ville pleine de secrets, d'endroits magiques que vous découvrirez aussi au fil de ses nombreuses brocantes, riches de pièces d'arts décoratifs de toutes sortes. Au fond d'une cour, dans un passage couvert, une cave voûtée ou une simple boutique, les adresses qui suivent vous offriront une multitude de bonheurs minuscules ou grandioses, aux prix variés et au charme certain. Leurs propriétaires vous conteront maintes histoires si vous prenez le temps de discuter avec eux ; amoureux de leur métier, ils ne seront pas avares de conseils ni d'anecdotes, souvent surprenantes, sur les objets qu'ils vous proposent.

 *Antiques aficionados and rummagers of every stripe, put yourself in mind of dimly-lit attics, trunks smelling of old leather, dusty cartons, and that indescribable tingle of suspense aroused by the idea of a hidden prize which has been lying there, biding its time, waiting for you to find it! Now be aware that Paris is a huge treasure trove, and if you follow the instructions we have mapped out for you, you might discover almost anything! A mariner's lucky charm, a butter churn, an armchair upholstered in leather gleaming with the rich patina of age, an Arne Jacobsen chair, a meerschaum cigarette-holder, embroidered linen bed sets, carved Indian doors, train-station clocks, factory lockers... in other words, a jumble of objects as varied as in a surrealist dream-poem. You're beginning to warm to the pleasures of the hunt, now, aren't you! Fortified with this harvest of Paris addresses, carefully selected to fulfill all your desires for travel into the past, you'll be equipped with what you need to search for the unknown, unforeseen surprise, be it large or small. Paris still contains many mysterious secrets and magical places, which you'll discover, to your wonderment, as you explore its many second-hand stores, brimming with all sorts of decorative curiosities. At the rear of a courtyard or sheltered by a 19th-century arcade, in a Gothic stone basement or an ordinary-looking shop, the addresses which follow will provide you with a cornucopia of delights both tiny and huge, at a variety of prices, and invariably with charm. If you linger for a word or two, their owners will ply you with stories. They love their trade, and will generously give advice and share stories about the wares they have to offer.*

À l'Orientale

Arcades du Palais-Royal,
19-22, galerie de Chartres, 1er
Tél. 01 42 96 43 16
M° Palais-Royal-Musée-du-Louvre
Ouvert du lundi au samedi de 11h à 19h
et le dimanche sur rendez-vous

■ Des senteurs de cigare, d'encens et de tabac flottent discrètement dans l'air : bienvenue au royaume des fumeurs. Politiquement incorrect, le lieu est pourtant fréquenté par bien des membres du Conseil constitutionnel et du ministère de la Culture, situés juste à côté. Sous les arcades du Palais-Royal, Rakel Van Kote, Israélienne d'origine afghane, propose tabatières, pipes, nécessaires à manucure, cannes, parapluies et objets de curiosité, tous anciens. Karl Lagerfeld ou encore l'arrière-petit-fils de Gustave Eiffel font partie de sa clientèle, composée en grande partie de passionnés. Dans un savant rangement à l'équilibre parfois précaire, les objets s'entassent les uns à côté des autres ou se superposent dans un charmant désordre. L'espace est, certes, réduit, mais on se trouve dans l'un des quartiers les plus ravissants de Paris. Connue des spécialistes, la propriétaire prête souvent des pièces pour les tournages de cinéma. Ainsi, dans le film *Molière*, Romain Duris utilise un fume-cigarette tout droit sorti de cette maison.

■ The air is discreetly laden with a haze of incense and tobacco smoke: welcome to a kingdom ruled by that stubborn vice. Though it is politically incorrect, the place is a favorite with many a dignitary from the Constitutional Council or Ministry of Culture, located nearby. Beneath the 17th-century colonnaded mall at Palais-Royal, Rakel Van Kote, an Israeli woman of Afghan extraction, stocks snuffboxes, pipes, manicure kits, canes, umbrellas, and curiosities, all of them antique. Her clientele, made up largely of collectors, includes Karl Lagerfeld and the great-grandson of Gustave Eiffel. The objects of their desire are arranged in stacks, sometimes precariously balanced one on top of the other, or overlapping in a charming puzzle of parts and pieces. True, the shop is pocket-sized, but it is located in one of Paris's most strollable neighborhoods. The renown of the proprietress is such that she often lends collectibles for use as movie props. For example, in the film Molière, Romain Duris puffs on a cigarette-holder straight from this boutique.

Astier de Villatte

173, rue Saint-Honoré, 1ᵉʳ
Tél. 01 42 60 74 13
M° Tuileries ou Palais-Royal-Musée-du-Louvre
Ouvert du lundi au samedi de 11h à 19h30
www.astierdevillatte.com

■ Certes, ici, meubles, objets et services de table ne portent pas la patine du temps, mais tous ont été créés avec un tel souci de qualité et de raffinement que l'on en oublie leur jeunesse. L'idée des créateurs se résumerait en ces mots : réintroduire de la poésie dans la tradition, souvent étriquée par ses propres codes, pour lui donner plus de légèreté. Dans un cadre ravissant, les commodes hollandaises aux formes ventrues voisinent avec des vaisseliers patinés. Des tables aux pieds en bois tourné noir côtoient des buffets, et des assiettes d'une incroyable finesse – dont certains modèles sont à empreintes de fleurs et graminées – viennent compléter ce tableau d'inspiration parfois flamande. Toute la vaisselle est fabriquée selon l'ancienne technique de l'estampage, délaissée lorsque apparut le procédé du coulage. Ivan Pericoli et Benoît Astier de Villatte proposent aussi de la papeterie aux couvertures inspirées des dessins de carreaux de ciment, des moulages à l'antique, et comparent plus volontiers leur démarche à celle d'un archéologue qu'à celle d'un antiquaire. En guise de clin d'œil, quelques stéréoscopes des années 1960 et leurs planches d'ektachromes ainsi que de vieilles cartes postales trônent entre les divins services de table, les meubles et les objets, accentuant encore le charme de ce lieu.

■ *Though the housewares, furniture, and china on offer here are not of venerable age, they've all been crafted with such attention to quality and elegance that one forgives them their youthfulness. The creative concept could be summed up thus: to re-introduce poetry to tradition — often chafing within its age-old conventions — endowing it with additional grace. In a splendid setting, Dutch chests of drawers with imposing paunches sit alongside antique china closets. Tables with ornately lathed black legs stand beside buffets displaying incredibly elegant plates — some of which is imprinted with flowers and grasses. The tableau, reminiscent of a Flemish painting, is complete. All the ceramics are produced according to the old-fashioned handbuilding technique, as was the rule before the casting process was introduced. Ivan Pericoli and Benoît Astier de Villatte also offer blank books and notebooks bound with the isometric optical illusion of a series of cubes, and classical-looking casts. They compare their approach to that of an archeologist rather than that of an antique dealer. Alongside the luscious porcelain wares, fine furniture, and decorative objects, there are miscellaneous plastic ViewMasters from the 1960s, complete with souvenir slides, as well as antique postcards, adding a pleasant touch of kookiness to the shop's charm.*
Monday-Saturday, 11 am-7:30 pm.

Astier de Villatte

15

Galerie Alexis Lahellec

14-16, rue Jean-Jacques-Rousseau, 1er
Tél. 01 42 33 36 95
M° Palais-Royal-Musée-du-Louvre ou Louvre-Rivoli
Ouvert du lundi au samedi de 12h à 20h
www.alexislahellec.com

Design & Things

22, rue du Pont-Neuf, 1er
Tél. 01 42 33 41 25
M° Les Halles ou Pont-Neuf
Ouvert le lundi de 9h30 à 19h et du mardi au samedi de 9h30 à 20h

■ Alexis Lahellec fut, un temps, créateur de bijoux à succès, avant de plonger avec délices dans l'univers de la décoration, concoctant meubles et objets à l'esprit baroque, coupes en papier mâché, méridiennes en fer forgé ou en bois. C'est lui qui lança la marque de gadgets et accessoires kitchissimes Why – là encore, non sans brio ! Mais voilà un homme, qui, décidément, aime le changement. En 2007, il ouvre coup sur coup deux boutiques de mobilier vintage. La première, située rue Jean-Jacques-Rousseau, propose des meubles, des luminaires et des accessoires comme des vases, des verreries, le tout des années 1950 et 1960, essentiellement d'origine scandinave. Design & Things, la seconde galerie, offre des pièces de même provenance, mais parfois créées plus tardivement, dans les années 1970. Cette dernière est installée à une encablure du Pont-Neuf, en lieu et place d'une ancienne banque (surtout, ne ratez pas la salle du sous-sol, remplie de trésors). Une splendide table en bois des années 1950, des chaises et tables de Rietveld, des céramiques de Vallauris, des verreries nordiques, des fauteuils de Mathieu Matégot, une table basse au plateau de mosaïque exceptionnel, des luminaires ne sont que quelques exemples de ce qui se cache dans ces deux galeries. Une pléthore de meubles et d'objets à des prix extrêmement corrects.

■ *Alexis Lahellec had a successful career as a jewelry designer before bursting onto the interior decoration scene, concocting baroque-looking objects and furniture, papier-mâché goblets, and meridiennes in wrought iron or wood. He's the designer behind the ultra-kitsch brand of "Why" gadgets and accessories — another example of his dynamism and energy! However, in addition to being a powerhouse, Lahellec likes change. In 2007, he opened two vintage furniture shops in quick succession. The first, located on Rue Jean-Jacques-Rousseau, is a showroom for furniture, lighting, and accessories like vases and glassware, all dating from the 1950s and 60s, the golden age of Scandinavian modernism. Design & Things, Lahellec's second gallery, is stocked with items from the same Nordic source, some of which were designed later, in the 1970s. The latter shop is located a stone's throw from the Pont-Neuf, in a building which was a grand 19th-century bank. (Be sure to visit the basement room, which is filled with treasures.) A mint-condition vintage 1950 rosewood table, a Rietveld dining-room set, ceramics from Vallauris, Nordic decorative glass, matching Mathieu Matégot armchairs, a coffee table with an amazing mosaic top, and ideas for keeping it all lit up: a plethora of interior furnishings at prices that are quite affordable.*

• **Monday-Saturday, 12-8 pm.**
• **Mondays, 9:30 am-7 pm;**
Tuesday-Saturday, 9:30 am-8 pm.

Galerie Alexis Lahellec / Design & Things

19

L'Œil du Pélican

13, rue Jean-Jacques-Rousseau, 1er
Tél. 01 40 13 70 00
M° Palais-Royal-Musée-du-Louvre ou Louvre-Rivoli
Ouvert du mardi au vendredi de 11h à 18h30
et le samedi de 15h30 à 18h30
www.loeildupelican.fr

Drôle de nom pour une brocante ! Un astronome affirmerait qu'il s'agit d'un clin d'œil à la fameuse nébuleuse du Pélican, et il se tromperait. Françoise l'a baptisée ainsi pour des raisons beaucoup plus prosaïques, purement géographiques. La boutique est en effet située à l'angle d'une rue portant le nom du volatile en question ; quant à l'œil, sa profession exige d'en avoir un bon... pour ne pas dire excellent. Cette chineuse acharnée, ancienne expert-comptable, fonctionne au coup de foudre. Il y a sept ans, elle laisse sa carrière derrière elle et ouvre sa boutique pour laisser libre cours à sa passion. La majeure partie des pièces qu'elle expose date du XIXe ou du début du XXe siècle : des objets de curiosité insolites et surprenants, qu'elle mélange avec talent et renouvelle continuellement. Ici cohabitent pacifiquement un lapin de jardin en fonte, des cartonniers de notaire ou de médecin, des chevaux de bois à bascule ou sur roulettes, une table à repasser, un mortier en porcelaine gigantesque — bref, une kyrielle d'objets uniques en leur genre, comme cette énorme troïka de manège du début du XXe siècle aperçue un jour. À noter aussi, une belle collection de bagages, valises et même une sacoche de plombier, pour les amateurs de voyages dans le temps.

■ *It's a curious name for an antique shop. An astronomer would probably guess it was a reference to the famous Pelican Nebula, but he would be wrong. Françoise gave her shop the name for much more down-to-earth, purely geographical reasons, because it happens to be located at the corner of a street named for the bird in question. As for the eye, the vintage trade demands good if not excellent judgement. Bitten by the second-hand bug back when she was a certified public accountant, Françoise operates on love at first sight. Seven years ago, she quit her day job and opened her shop to allow her passion to blossom. Most of the items on display date from the 19th or early 20th century. Françoise skillfully combines unusual or surprising pieces, continually changing the arrangement. Here, a cast-iron rabbit garden ornament lives peacefully alongside cardboard lawyer's or doctor's files; there are wooden horses that rock, and others that roll; an ironing board; a gigantic porcelain mortar — in other words, a hodgepodge of one-of-a-kind antiques, like the enormous troika made to go on an early 20th-century merry-go-round. Note that there's also a handsome assortment of luggage, suitcases, and even a plumber's toolbag, for those who dream of time travel.*
Tuesday-Friday, 11 am-6:30 pm;
Saturdays, 3:30-6:30 pm.

L'Œil du Pélican

23

Rarissime

18, rue Saint-Roch, 1er
Tél. 01 42 96 30 49
M° Pyramides ou Tuileries
Ouvert du mardi au samedi de 12h à 19h30

■ Les échoppes s'accrochaient autrefois aux flancs des églises tels des coquillages à leurs rochers. Cette boutique, construite au XVIIe siècle et classée à l'inventaire du patrimoine, est l'un des rares vestiges de ce passé. Dans ce petit écrin (7 mètres carrés au sol), historique qu'elle ne quitterait pour rien au monde, Françoise Langlois, ancienne élève de l'École du Louvre, propose bibelots, statuettes, tableaux et petits objets, le plus souvent du XVIIe siècle, avec quelques incursions dans les autres époques. En haut d'un minuscule escalier, au premier étage, d'autres pièces sont présentées, tout aussi charmantes. Ici, peu de meubles (et pour cause, la porte d'entrée de la boutique ne fait que 55 centimètres de large) mais beaucoup de petites merveilles. Parmi les objets les plus inattendus que Françoise Langlois ait un jour dénichés, une délicate mule que le pape Pie IX avait offerte, lors de son passage à Paris, à une noble Italienne !

■ In the old days, market stalls attached themselves to the flanks of churches like oysters to a rock. This shop, dating back to the 17th century and catalogued as a treasure of French architectural heritage, is one of the rare vestiges of that era. Though the surface area is tiny (7 square meters or about 70 square feet), proprietress Françoise Langlois would not leave it for anything in the world. Following studies at the École du Louvre, she stocked her historically significant ring-box-sized store with the finest 17th-century knickknacks, statuettes, paintings, and drawings, sometimes making incursions into other periods. At the top of a miniscule staircase, on the second floor, there are even more items on display, which are just as charming. However, don't expect to see much furniture here: the shop door is only 55 cm wide (about two feet!). There's many a small marvel, though. One of the most astonishing items on exhibit, a prize Langlois find, is a delicate slipper, the survivor of a pair that was a gift from 19th-century pope Pius IX to an Italian noblewoman living in Paris!
Tuesday-Saturday, 12-7:30 pm.

Rarissime

As'Art

3, passage du Grand-Cerf, 2e
Tél. 01 44 88 90 40
M° Étienne-Marcel
Ouvert du mardi au samedi de 10h à 19h
www.as-art.fr

■ Situé au cœur du quartier Montorgueil, le passage du Grand-Cerf et sa remarquable verrière (11,80 m de hauteur) – la plus haute de Paris – valent à eux seuls le coup d'œil. Le passage accueille de nombreux jeunes créateurs et des enseignes de décoration originales. Né en 1991 d'un projet de développement à long terme avec des artisans kényans, As'Art a étendu ses collaborations à d'autres projets ou causes humanitaires, avec pour résultat l'ouverture, il y a neuf ans, de ce lieu d'exposition et de vente. C'est la création africaine d'hier et d'aujourd'hui qui se trouve maintenant rassemblée dans ce bel espace. Au rez-de-chaussée, les créations contemporaines ou artisanales et les pièces anciennes se succèdent. Des sculptures, des bijoux, des textiles et du mobilier provenant essentiellement du Sud-Est africain, du Mozambique et de l'Afrique du Sud s'y trouvent réunis.

Au sous-sol règnent les pièces de mobilier les plus anciennes : des bancs en bois, des tabourets, des appuis-tête, des statuettes et de nombreux objets utilitaires qui raviront les nombreux amateurs d'art africain et les collectionneurs. Plus récents, les couvertures massaï, les vanneries aux motifs colorés fabriquées en fil de téléphone par les femmes zouloues, ou encore les vases, coupelles et sculptures en pierre de Kisii (Kenya) de très belle facture. Toutes les sensibilités et traditions du continent noir à découvrir en plein cœur de Paris.

■ Located in the heart of the Montorgueil neighborhood, the Passage du Grand-Cerf arcade itself, with its remarkable glazed roof (at 11.8 m, or 36 feet, the highest in Paris), is well worth a visit. The mall, built in 1825, is now the home of several talented young designers and original interior-decoration galleries. As'Art, spawned in 1991 by plans to involve a group of Kenyan craftsmen in a long-term development project, has since extended its concerns to other humanitarian causes. Consequently, nine years ago, this display and sales gallery was inaugurated. Currently, African design objects from today and yesteryear are collected in the bright space. On the ground floor, you'll see a series of contemporary designs or crafts pieces, alongside collectibles from the past. The sculpture, jewelry, fabrics, and furniture come chiefly from the southeast: Mozambique and South Africa. Downstairs, you'll enter the realm of antique African furnishings: wooden benches, royal stools, headrests, statuettes, and a wide range of utilitarian objects will delight collectors and other connoisseurs of African art. More recent designs like Maasai blankets and colorful Zulu basketry and weavings, using brightly insulated telephone wiring, can also be admired. The selection of Kisii soapstone vases, goblets, and carvings from Kenya is also of the very finest craftsmanship.

Tuesday-Saturday, 10 am-7 pm.

Rickshaw

7, passage du Grand-Cerf, 2e
Tél. 01 42 21 41 03
M° Étienne-Marcel
Ouvert du lundi au samedi
de 11h30 à 19h30

Rickshaw Textiles

10, passage du Grand-Cerf, 2e
Tél. 01 40 26 37 95
M° Étienne-Marcel
Ouvert du mardi au samedi
de 11h30 à 19h30

www.rickshaw.fr

■ Rickshaw est une véritable manne pour les amateurs d'objets indiens. Les pièces et les meubles entassés ici sont pour la plupart anciens et chinés à travers toute l'Inde. Miroirs, petites vaisselles, patères, plaques publicitaires en métal, lettres d'imprimerie en bois, lanternes en mosaïque de verre, sans oublier des armoires, des buffets et même des éléments architecturaux du XIXe et du début du XXe siècle se côtoient ainsi en bazar, un peu comme là-bas, quelques rééditions se mêlant à l'ensemble.
Un peu plus loin, dans l'autre boutique réservée aux textiles, les boutis font pendant aux soieries, les saris brodés de pampilles et de perles aux coussins de couleurs chatoyantes, les jetés de lit aux rideaux. De quoi transformer votre chambre en palais des maharadjahs ou en repaire bollywoodien, à grand renfort d'affiches kitchissimes.

■ *Rickshaw is a bonanza for lovers of Asian Indian craftsmanship. Most of the objects amassed here are antiques, found in markets all over the subcontinent. Mirrors, lacquered cups and bowls; old-fashioned coathooks, metal advertising signs; wooden typesetter's letters; glass-mosaic lanterns... not to mention teak cabinets and even doors and woodwork from the 19th and early 20th centuries: there's such a plenitude of fine objects, including some replicas of the more popular designs, that you'll feel as though you're walking through a bazaar.*

Wander a little farther and explore the second shop, dedicated to fabrics. Quilts and bedspreads are on offer next to silks and richly brocaded and beaded saris. Brilliant cushions, throws, and curtains invite you to transform your bedroom into a maharajah's palace. The Bollywood lair is another possibility, for there's a huge selection of lurid movie posters.

• **Monday-Saturday, 11:30 am-7:30 pm.**
• **Tuesday-Saturday, 11:30 am-7:30 pm.**

Rickshaw

35

37

Balouga

25, rue des Filles-du-Calvaire, 3e
Tél. 01 42 74 01 49
M° Filles-du-Calvaire
Ouvert du mardi au vendredi de 12h30 à 19h
et le samedi de 14h à 19h
www.balouga.com

■ Il n'y a pas d'âge pour apprécier le design ! Ici, les parents qui voudraient dénicher des chaises, des bureaux, des tables signés Jean Prouvé, Arne Jacobsen, Charles et Ray Eames ou encore Harry Bertoia devraient facilement trouver leur bonheur, en vintage pour les puristes, ou sous forme de rééditions. Ces dernières se multiplient : les maisons d'édition, cherchant à répondre à la demande de plus en plus forte des particuliers, n'hésitent plus à relancer des modèles. Pour preuve, la mythique chaise de Verner Panton, qui vient d'être rééditée par la société Vitra, mais en format lilliputien. À la tête de cette boutique, Véronique Cota, une ancienne journaliste qui, après la naissance de ses enfants et une formation à l'école Boulle, décide de pallier le peu de choix en matière de mobilier design pour les petits. Depuis peu, et pour compléter son offre, elle s'est lancée dans l'édition et propose des modèles conçus par Matali Crasset et Mahmoud Akram.

■ *Quality design is sure to have a trans-generational appeal. Grandparents in search of the chairs, desks, or tables which made names for Jean Prouvé, Arne Jacobsen, Charles and Ray Eames, and Harry Bertoia need look no farther. Purists will delight in the vintage originals: the less discriminating will find excellent reproductions. Copies are proliferating as manufacturers put the classics back into production to meet a growing demand from the public. For instance, the legendary Verner Panton chair has just been reissued by Vitra, in Lilliputian format for the younger set. This shop is the brainchild of Véronique Cota, a former journalist, who changed careers after her children were born. After completing training in interior architecture at the famed Ecole Boulle, she saw a mission for herself: improve the variety of tastefully designed furniture available to children. Recently, to fill out her catalogue, she has begun producing items designed by Matali Crasset and Mahmoud Akram.*
Tuesday-Friday, 12:30-7 pm;
Saturdays, 2-7 pm.

Balouga

41

La Calinière

68, rue Vieille-du-Temple, 3e
Tél. 01 42 77 40 46
M° Saint-Paul
Ouvert tous les jours de 15h à 19h

■ La passion absolue de Micheline ? L'éclairage. Un amour qu'elle cultive depuis une trentaine d'années avec acharnement, même si elle avoue aussi une affection pour les bibelots et les objets insolites. Son penchant va plus particulièrement aux pièces en verre émaillé qu'elle propose sous forme de lustres, appliques et lampes, signés de grands verriers comme Loys Lucha, Maxonade ou encore Fargue lorsqu'elle en trouve (ses pièces sont de plus en plus rares). Si le plafond de sa boutique croule littéralement sous les lustres de Lalique, Verlys, ou Sabino typiquement Art déco, les amateurs d'Art nouveau trouveront eux aussi leur bonheur avec des pièces de Daum, Muller ou Legras. Dans ce qui ressemble plus à un grenier qu'à un magasin bien ordonné, une commode, une table ronde, un mannequin de rotin semblent attendre le jour où quelqu'un se souviendra de leur présence, et donnent à cette maison un petit air suranné des plus délicieux.

43

The love of Micheline's life is lighting, and it's an old romance: thirty years, and the flame is still burning bright, though she admits she is also fond of baubles and curiosities. Her favorite lamps are the enameled glass Art Deco masterpieces, available as ceiling- or wall-mounted lights, or free-standing lamps, the work of such great glass craftsmen as Loys Lucha, Maxonade, and Fargue – when she can find them (Fargue is becoming a rare commodity). The ceiling of Micheline's store is literally aglow with chandeliers by Lalique, Verlys, and Sabino, but connoisseurs of Art Nouveau will also find temptations galore, with the likes of designers Daum, Muller, and Legras. In surroundings which are reminiscent more of an attic than a shop, cabinets, gueridon tables, and a wicker mannequin seem to be waiting for the day when someone will remember they are there. They give Micheline's lair a somewhat old-fashioned feel which is most enchanting.

Daily, 3-7 pm.

La Calinière

45

Galerie Dansk

31, rue Charlot, 3e
Tél. 01 42 71 45 95
M° Filles-du-Calvaire
Ouvert du mardi au samedi de 14h à 19h
www.galeriedansk.com

■ Même si Dansk signifie « Danois », les superbes pièces présentées ici proviennent de tous les pays nordiques. La galerie est tenue par deux amoureux inconditionnels du mobilier scandinave des années 1950 à 1970, Jean-Loup Basset et Merete Degenkolw-Basset. Ces deux esthètes sélectionnent avec beaucoup de goût des éditions originales d'une exceptionnelle qualité, des pièces souvent signées des plus grands noms du design et de l'architecture suédois, norvégiens, danois ou finlandais, comme Hans Wegner, Alvar Aalto et autres maîtres du genre. Fauteuils, chaises, luminaires, tables et bureaux, mais aussi céramiques et verreries sont chinés avec l'aide d'une équipe à Copenhague. C'est à elle que l'on doit aussi la présence de bols et de coupelles Krenit d'Herbert Krenchel – faits d'un alliage d'acier et d'émail –, des pièces rares jamais rééditées. Chaque année, la galerie organise une exposition sur un thème particulier : les femmes architectes, le travail d'Hans Wegner ou de Verner Panton, pour n'en citer que quelques-uns. Sur rendez-vous, il est possible de visiter un grand dépôt à Montreuil, où de nombreuses pièces (encombrantes parfois) sont également présentées.

■ Dansk may mean Danish, but the splendid items on display here were imported from throughout the Nordic countries. The gallery is the property of Jean-Loup Basset and Merete Degenkolw-Basset, lifelong aficionados of Scandinavian Modern style furniture dating 1950-70. With the utmost taste, these two specialists have selected vintage originals of extraordinary quality. Often, these are veritable museum pieces, classics by the greatest names in design from Sweden, Norway, Denmark, or Finland: Hans Wegner, Alvar Aalto, and other visionaries. Armchairs, dining-room sets, lighting, tables, and desks are on display, as well as decorative ceramics and glassware. They've been collected with the help of a team in Copenhagen who also hunted down Krenit bowls and cups — made of a steel-enamel alloy — rarities by Herbert Krenchel which have never been reproduced. Every year, the gallery organizes an exhibit around a special theme: woman architects, the work of Hans Wegner or Verner Panton, to cite just a few of the subjects covered in the past. By appointment, you may visit the vast warehouse in Montreuil, where even more furniture (some of it cumbersome) is on show. **Tuesday-Saturday, 2-7 pm.**

Galerie Dansk

49

Images et Portraits

35-37, rue Charlot (entrée possible également
par le 39, rue de Bretagne), 3e
Tél. 06 65 23 95 03
M° Filles-du-Calvaire
Ouvert du lundi au vendredi de 13h à 19h,
le samedi et le dimanche de 10h à 19h

■ Un voyage dans le temps et l'espace, dans un monde imagi-
naire diablement séduisant, voilà ce à quoi invite ce magasin
de photos anciennes, enchâssé au cœur du marché des
Enfants-Rouges. Des formats classiques, le plus souvent de
petite taille, pour des tirages tout droit sortis de vieux albums,
consacrés essentiellement à la vie de famille, aux vacances,
aux mariages, à des portraits anonymes et pourtant si proches. Les images d'un bonheur
simple que Fabien Breuvart sélectionne avec un œil surprenant. Une ombre, un défaut ou un
cadrage étonnant sont ses critères de choix, bien plus qu'une signature d'artiste connu ou
qu'une image trop parfaite. Les collectionneurs ne sont pas les seuls à farfouiller dans les
nombreux casiers — non triés, car Fabien Breuvart s'y refuse. Au visiteur de partir à l'aventure au gré du hasard. Cet ancien photo-journaliste à Paris et à New York, très attaché à la
photo argentique, tire aussi le portrait de ses voisins et clients, un plaisir oublié par beaucoup d'entre nous et pourtant tout à fait accessible.

■ *The door of this shop located in the Marché des Enfants-Rouges and filled with old photographs leads out of the time-space continuum into the charming world of the past. The usual snapshot formats are on display, most of them fairly small: prints straight out of old family albums, visual chronicles of events like weddings, vacations, picnics, and births, as well as anonymous yet familiar portraits. These are the images of simple joys chosen with amazing acuity by Fabien Breuvart. A shadow, a flaw, or an unusual composition are the criteria he judges by; the perfect photograph or famous artist's signature are practically banal to him. Collectors are not the only customers thumbing through these boxes full of prints that are left deliberately jumbled. Whoever walks in can embark on an adventure, guided by chance. Breuvart, formerly a photojournalist in Paris and New York, is a faithful advocate of film photography. He shoots studio portraits of neighbors and customers, one of the affordable pleasures most of us have forgotten.*
Monday-Friday, 1-7 pm;
Saturdays and Sundays, 10 am-7 pm.

Images et Portraits

photo trouvée

53

Jérôme Lepert

106, rue Vieille-du-Temple, 3e
Tél. 06 10 18 18 88
M° Filles-du-Calvaire
Ouvert du mardi au samedi
de 11h30 à 13h et de 15h à 19h

■ Une odeur de métal, de bois et d'huile de lin flotte dans l'air, et pourtant il règne ici une curieuse élégance comme seules les vieilles usines ou les ateliers de jadis en possédaient. Jérôme Lepert déniche tables, lampes Jieldé, lampadaires, mais aussi formes à chapeaux, à masques de carnaval, à gants... Ce passionné explique en riant, et sans se prendre au sérieux pour un sou, qu'il est, selon la terminologie employée par ses confrères américains et pour son plus grand amusement, un « archéologue industriel » ! C'est une réelle ferveur qui anime ce spécialiste, toujours à l'affût de meubles, d'étagères, d'établis, d'horloges, de lampes d'atelier et parfois même d'éléments de machine. Sa clientèle, outre les amateurs, se compose d'architectes et de décorateurs, dont Philippe Starck. L'un de ses atouts, outre son goût très sûr : la qualité de ses restaurations, qu'il soigne tout particulièrement en veillant à la protection de ses pièces contre l'érosion ou à la réfection des systèmes électriques.

■ Smells of metal, wood, and linseed oil pervade the shop, and yet it has a curious atmosphere of dignity and elegance, like an old-fashioned workshop or factory. Jérôme Lepert hunts down workbenches, Jieldé jointed desklamps, and floor lamps, as well as forms for making hats, carnival masks, or gloves. Apparently, his American colleagues call what he does "industrial archeology," which tickles Lepert's sense of humor. He may be passionate about these objects, but he doesn't take himself seriously. He's driven by some mysterious fervor to seek out factory and warehouse desks, tables, shelves, workbenches, clocks, lamps, and sometimes even parts of machines. His tastes are shared by a number of loyal customers, including designer Philippe Starck. One of his major assets, in addition to his discriminating eye, is the quality of his restoration work. It's a simple trick for him to rewire an old lamp, and he's always careful to oil parts, for he knows that rust never sleeps.

Tuesday-Saturday, 11:30 am-1 pm and 3-7 pm.

ETOILES

Jérôme Lepert

Weber Métaux et Plastiques

9, rue de Poitou, 3e
Tél. 01 42 71 23 45
M° Filles-du-Calvaire
Ouvert du lundi au vendredi de 8h30 à 17h30
www.weber-france.com

■ Weber Métaux, c'est la Mecque du bricoleur parisien à la recherche de l'introuvable. Amateurs de quincaillerie et autres marchands de couleurs, vous vous devez de visiter cette très vieille maison, aussi âgée que la tour Eiffel (1889) ! Sur trois étages, 225 000 références improbables ou indispensables vous attendent : de quoi trouver l'impossible. Au sous-sol, des bobines de cuivre de toutes les couleurs, du grillage parfois lui aussi en couleurs, des tubes et tuyaux divers, tandis que le rez-de-chaussée, lieu d'accueil des clients, est réservé à l'outillage classique. Au premier étage, la visserie, avec ses centaines de petits tiroirs, vous dévoilera l'étendue de ses collections. Enfin, le dernier niveau est dédié aux matières : feuilles de plastique ou adhésives aux motifs insensés polychromes, or ou argent, du feutre en différentes épaisseurs, du bois bakélisé, des rouleaux de film PVC, du verre synthétique, de la fibre optique, de la chaînette métallique au mètre, du carton, des mousses...

■ *Weber Métaux is a Mecca for the Paris do-it-yourselfer with a daunting shopping list. If you're looking for a good old-fashioned hardware store, take a trip to this venerable establishment, as old as the Eiffel Tower (1889)! Its four floors contain an inventory of 225,000 items, from the unlikely to the indispensable. If you don't find it here, you won't find it anywhere. The basement aisles are lined with spools of copper wire, in every color imaginable; steel mesh, also available in a variety of colors, and an assortment of pipes and fittings. On the street level, where customers have long been welcomed, you'll find the tool department. Upstairs, in fastenings, rows upon rows of drawers are filled with screws to suit every purpose. The third and top floor is dedicated to materials of various types: rolls of oilcloth, some of it self-adhesive, in solid colors, silver, or incredible patterns; felt of various thicknesses; an assortment of Bakelite; rolls of PVC film; synthetic glass; optical fiber, metal chain in various sizes, for sale by the meter; cardboard; foam... You name it!*
Monday-Friday, 8:30 am-5:30 pm.

Weber Métaux et Plastiques

61

Au Bon Usage

21, rue Saint-Paul, 4e
Tél. 01 42 78 80 14
M° Saint-Paul
Ouvert tous les jours de 11h à 19h sauf le mardi
www.aubonusage.com

■ Les amateurs de mobilier Thonet connaissent cette enseigne, ceux qui aiment les objets de curiosité de la Forêt-Noire aussi. Dans cette région de l'Allemagne proche de nos frontières, il était d'usage de fabriquer, durant les longues soirées d'hiver, des boîtes, crucifix, vide-poches ou petits ours en bois sculpté. La spécialité de cette maison exprime un véritable engoue-ment familial depuis plus de vingt-cinq ans, dont a hérité le fils, aujourd'hui responsable des lieux. Après une formation d'ingénieur, Guillaume Manuel a ainsi repris le flambeau et nous offre désormais le fruit de ses constantes recherches. C'est un vrai plaisir de rêver devant les fauteuils à bascule, les chaises ou les guéridons en bois courbé de la fabrique autrichienne Thonet (1880), la première à avoir imaginé des meubles en série, et en pièces détachées. On y trouve aussi des tableaux de charme et des coups de cœur chinés par le propriétaire, sans oublier une belle collection d'objets décoratifs en buis tourné, d'une infinie délicatesse.

■ Lovers of Thonet bentwood furniture are familiar with this shop, as well as those who like folk art from the Black Forest, a region of Germany where it was customary to while away long winter evenings by carving lindenwood chests, boxes, crucifixes, and emblematic bears. The specialty of the house has been a family passion for over twenty-five years, and was inherited by the son, who now manages the business. Guillaume Manuel took over the shop after training as an engineer, and gives his customers the benefit of his ongoing search for more masterpieces. It is certainly a pleasure to dream of owning the bentwood rocking chairs, loveseats, and tables. They were made in the 1880s in Austria by Michael Thonet, the first cabinetmaker to experiment with mass-producing furniture or making kits. You'll also find charming framed prints and illustrations, as well as curiosities the proprietor could not resist. Don't miss the lovely collection of hand-turned boxwood objects, of infinite grace.

Daily, 11 am-7 pm, except Tuesdays.

Au Bon Usage

65

UN PETIT LIVRE D'OR

Au Petit Bonheur
la Chance

13, rue Saint-Paul, 4e
Tél. 01 42 74 36 38
M° Saint-Paul
Ouvert tous les jours de 11h à 13h
et de 14h30 à 19h, sauf le mardi

■ Carnets de bons points, vaisselle en tôle, bols de petit déjeuner en faïence, fournitures scolaires, autant d'objets-souvenirs tout droit sortis de nos tendres enfances aux genoux écorchés. Des remugles d'amande de nos petits pots de colle blanche aux ardoises et craies, en passant par les ouvrages de la Bibliothèque Rose : Maria-Pia Varnier, styliste, créatrice de sacs à main, fille et nièce d'antiquaire, a la nostalgie des souvenirs de sa prime jeunesse. Elle aime aussi la mercerie, ses boutons de nacre, ses galons, et ses monogrammes pour étiqueter les vêtements des enfants, les vieilles méthodes d'apprentissage de la lecture, la papeterie ancienne avec ses cahiers à carreaux et ses tables de multiplication en quatrième de couverture, les vieux ustensiles de cuisine... Elle en a donc fait son métier et chine tous les stocks des années 1930 à 1970 qu'elle peut trouver sur ces thèmes, préfère les lots aux pièces uniques et se fait une joie de nous offrir en pâture toutes ces délicieuses madeleines proustiennes.

■ *School deportment records from the 19th century, jolly ceramic breakfast bowls, old-fashioned school supplies, enameled iron kettles: all of these objects, redolent of childhood, arouse nostalgic and tender memories. Everything is here, from the white paste smelling of almonds children furtively taste to individual slates and chalk, along with a complete set of Bibliothèque Rose children's books. Marie-Pia Varnier, a handbag designer, the daughter and niece of antique dealers, exults in childhood memories. She is also fond of sewing notions: mother-of-pearl buttons, ribbons and trim, monograms to label children's smocks. The teaching of the three R's has certainly changed, and those old primers and notebooks, with the multiplication tables on the back page, have their charm. Ditto for antique kitchen utensils. Miss Varnier has thus made nostalgia her stock in trade, and sifts through inventories from the 1930s to 1970s in search of these themes, preferring sets to one-of-a-kind pieces. She delights in showing customers these Proustian remembrances of things past.*
Daily, 11 am-1 pm and 2:30-7 pm, except Tuesdays.

Au Petit Bonheur la Chance

69

Aux Trois Singes

23, rue Saint-Paul, 4e
Tél. 01 42 72 73 69
M° Saint-Paul
Ouvert le lundi et du jeudi au samedi de 11h à 19h,
le dimanche de 14h à 18h30

Stand au marché Paul-Bert,
puces de Saint-Ouen

■ À grand renfort de mousse et de plantes, Sylvain Seron, ancien paysagiste, propose, dans une mise en scène poétique et champêtre au charme incontestable, une grande collection d'objets anciens pour le jardin : des vases Médicis élégants, des arrosoirs un peu surannés, des cages à oiseaux romantiques, une sublime paire de lions en terre cuite, des épis de faîtage... S'y dénichent aussi de nombreux objets de curiosité, meubles de métier, commodes hollandaises, lustres à pampilles etc. La plus grande partie de cette sélection date du XVIIIe, du XIXe ou du début du XXe siècle. Ouverte il y a quelques années seulement, cette boutique a permis à Sylvain Seron et à sa femme d'associer leur passion pour la chine à l'univers du jardin, cher à leur cœur. Le décor à lui seul vaut le détour et donne envie de s'installer ici pour papoter, se relaxer et passer un bon moment.

■ In a setting of undeniable charm, well-greened with plants and mosses, Sylvain Seron, a former landscaper, offers a vast collection of antique garden decorations and tools. Elegant Medici vases, watering cans which have seen many a springtime, romantic birdcages, a splendid pair of terracotta lions, figurative French roof ornaments, etc. You're also likely to happen upon numerous curiosities, craftsmen's workbenches and tools, Dutch chests of drawers, chandeliers, etc. Most of the items date from the 18th to early 20th centuries. The shop, which opened only a few years ago, has enabled Sylvain Seron and his wife to combine their passion for antique hunting with the garden atmosphere which is also so dear to them. The boutique interior alone is well worth a gander. It's so inviting, you'd like to settle in for a nice long chat.

**Mondays and Thursday-Saturday,
11 am-7 pm; Sundays, 2-6:30 pm.
Also at Marché Paul-Bert, in the Saint-Ouen
flea market.**

Aux Trois Singes

Cuisinophilie

28, rue du Bourg-Tibourg, 4e
Tél. 01 40 29 07 32
M° Saint-Paul
Ouvert du mardi au vendredi
de 14h à 18h30

■ Un cuisinophile est une personne qui collectionne des objets de cuisine. Un vieux broc en métal, une passoire émaillée, un moulin à café à manivelle, des pots à épices, une baratte sont autant de pièces chinées avec fébrilité par ces passionnés. Annie Siquier fait partie de ces amateurs éclairés et offre, dans sa petite boutique à la vitrine peinte en un joli bleu canard, toute une série d'ustensiles, comme seules nos grands-mères ou arrière-grands-mères en possédaient. C'est un coup du hasard qui l'a conduite là, après qu'elle eut enseigné les arts plastiques puis exercé la profession de peintre. Un beau matin, son voisin, un cordonnier qui a pignon sur rue en bas de son immeuble lui apprend qu'il quitte son échoppe. Elle la reprend aussitôt, et la vocation du lieu, avec ses petits carreaux de ciment au sol, s'impose d'elle-même. Elle y vendra donc des objets, pour cuisiner certes, mais aussi pour la table au quotidien, sous la forme de vaisselle en grès ou en faïence, de bols, de pichets... Inlassable farfouilleuse, Annie ne cesse de trouver de nouvelles pièces et parcourt la France pour dénicher des objets rares et insolites qui fleurent bon la confiture, les gâteaux secs et le beurre frais.

■ A "cuisinophile" is a person who collects kitchen utensils. Antique-hunters of this type are irresistibly charmed by such objects as old stainless-steel pitchers, enameled colanders, hand-cranked coffee grinders, spice jars, and butter churns. Annie Siquier is one of the kitchen-enlightened, and her shopfront, with its beautiful peacock-blue trim, is the gateway to a whole selection of the kind of utensils our grandmothers or great-grandmothers handled every day. She chose this vocation on a whim, after having been both an art teacher and an artist. One morning, her neighbor, a shoemaker, told her he was retiring, and abandoning the little shop downstairs from her flat. Once she saw the tile flooring, it was a case of manifest destiny. It is the perfect place to showcase the cooking utensils of yesteryear, along with functional tableware such as stoneware or porcelain dishes, bowls, and pitchers. A tireless rummager, Annie is continually finding new pieces. She travels throughout France in search of rare and remarkable objects reminiscent of such delights as homemade jam, biscuits, and fresh butter.

Tuesday-Friday, 2-6:30 pm.

Cuisinophilie

CAFÉ

SUCRE

THÉ

77

Fiesta

45, rue Vieille-du-Temple, 4e
Tél. 01 42 71 53 34
M° Saint-Paul
Ouvert du lundi au samedi de 12h à 19h
et le dimanche de 14h à 19h
www.fiesta-galerie.fr

■ Tenue par un ancien régisseur et producteur de télévision, Fiesta doit son nom à l'esprit de fête, mais aussi à une ancienne société américaine – dont c'était la marque – spécialisée dans les arts de la table au cours des années 1930 à 1960, et à laquelle le maître des lieux rend ainsi hommage. Dans cet antre de près de 25 ans d'âge, on trouve un savant mélange d'objets insolites, de pièces typiquement américaines et de grands classiques du design européen des années 1940 à 1970.

Posée sur une table, une curieuse pin-up à jupe froufroutante s'avère être une lampe. Au mur une vaste applique des années 1940, toute de métal doré, déploie ses feuillages. Trois pas plus loin, un énorme juke-box semble sorti d'un vieux polar en noir et blanc. Plaques de publicité en tôle, volants de voitures américaines, vieux micros de radio des années 1950 se partagent également l'espace. De quoi faire son cinéma, un pied dans *La Fureur de vivre*, l'autre dans *American Graffiti*. Et ce n'est pas tout : les pièces des grandes icônes du design comme Eero Saarinen, Alvar Aalto, Charles et Ray Eames, Bruno Matheson ou encore George Nelson pullulent. Dans un genre tout à fait différent, un bout de palissade aux silhouettes blanches dégingandées, œuvre typique du peintre Jérôme Mesnager, est posé dans la vitrine. Cette maison loue aussi certaines de ses pièces pour les tournages de films.

■ The property of an ex-TV producer and props manager, Fiesta honors, by its name, not only the party spirit, but also a type of American-made dinnerware well-known to collectors. The brightly-glazed dishes have been a perennial favorite since the 1930s. This Paris Fiesta, a den which has been around for almost 25 years, contains a savvy combination of curiosities predating the era of globalization, from typically American furniture to the great classics of European design from the post-war industrial boom. A certain little figurine, standing on a table in a bouffant skirt straight out of the 1950s turns out to be a lamp. Mounted on the wall, a large gilded lamp from the 1940s spreads its metal foliage. Nearby, your attention is grabbed by a huge jukebox which belongs to a Series B thriller. Classic metal signs, steering wheels from American cars, and impressive radio mikes from the 1950s are part of the collection. You could make your own movie, half *Rebel* Without a Cause, half *American Graffiti*. And there's more than just Hollywood: furniture by such iconic designers as Eero Saarinen, Alvar Aalto, Charles and Ray Eames, Bruno Matheson, and George Nelson is there in abundance. In an entirely different genre, a fragment of fencing bearing one of street artist Jérôme Mesnager's stenciled white silhouettes stands proudly in the window. The shop also leases items for movie sets.

Monday-Saturday, 12-7 pm; Sundays, 2-7 pm.

Fiesta

81

Fuchsia

2, rue de l'Ave-Maria, 4e
Tél. 01 48 04 75 61
M° Saint-Paul
Ouvert du mardi au dimanche
de 13h à 19h

■ Du sol au plafond, les textiles sont partout, comme dans une buanderie ou dans l'arrière-salle d'une lingerie d'antan. Élise Rodolphe, un temps étudiante en histoire de l'art, adorait la mode avant de se passionner pour le linge de maison et de reprendre cette boutique spécialisée. Au fil de ses recherches, elle rapporte des pièces anciennes des années 1850 à 1950 et chine de la dentelle de Calais, du Puy, d'Alençon, d'Irlande ou de Valenciennes, des parures de lit en lin monogrammées, des nappes habillées de fines dentelles, des rideaux et des robes merveilleuses. La passementerie et les galons sont aussi largement représentés. Élise a un vrai sens de l'accueil et conseille volontiers ses clients. N'oubliez pas : le linge et les dentelles étaient à l'époque faits main, et chaque modèle est donc unique. Les prix varient en fonction de la rareté des pièces. À bon entendeur...

■ *There are linens hanging everywhere, from the rafters on down. You might think you'd just walked into a launderer's. Before she became a passionate collector of house linens and took over this specialty shop, Élise Rodolphe, who studied art history for a time, loved fashion. She has diligently ferreted out pieces dating back to 1850 and up to 1950, and she's also an expert on lace from Calais, Le Puy, Alençon, Valenciennes, and Ireland, monogrammed linen bed sets; tablecloths trimmed with delicate lace, curtains, and marvellous gowns. Her ribbons-and-trim section is well-stocked and enticing. Élise is happy to welcome customers and generous with advice for them. Keep in mind that, in the old days, linen and lace were hand-crafted, so each item is the only one of its kind. Prices vary, depending on rarity. Forewarned is forearmed...*
Tuesday-Sunday, 1-7 pm.

Fuchsia

Les Touristes

17, rue des Blancs-Manteaux, 4e
Tél. 01 42 72 10 84
M° Hôtel-de-Ville
Ouvert du mardi au samedi de 12h à 19h
et le dimanche de 14h à 19h
www.lestouristes.eu

■ Voilà un endroit où il fait bon farfouiller, où l'on retrouve le plaisir de découvrir, entre des coussins bariolés et des cahiers anciens, de petits flacons de pharmacie ou de parfum, tels d'incroyables trésors. Après une période birmane, chinoise et marocaine, Jérôme Gigot et Yann Gicquel rapportent désormais leurs pièces du continent indien. Anciens saris surpiqués recyclés en couvertures quiltées du Rajasthan, suzanis brodés d'Ouzbékistan, sans oublier de superbes caftans : ici, les pièces anciennes se mêlent à d'autres simplement traditionnelles. Les fauteuils rétro, généralement chinés en France, sont customisés avec des tissus exotiques rapportés de voyages. Papeterie, mobilier, tapis, vaisselle et senteurs de tous les pays sont ainsi rassemblés, pourvu qu'ils possèdent une petite touche de nostalgie pour les années 1950 à 1970 principalement. En complément, nos Touristes du goût éditent une collection de linge d'intérieur – nappes, coussins, serviettes de toilette et rideaux – dans un esprit un peu désuet, et distribuent aussi les merveilleux savons italiens de la maison Valobra, au packaging raffiné, très Riviera. La fourchette des prix est aussi vaste que le choix, et les petits cadeaux possibles sont nombreux.

■ *This is a thrilling shop to explore; it reawakens the pleasures of the hunt. Rummage through the cheerful cushions and old notebooks for tiny perfume flasks and druggist's eyedroppers, like incredible treasures. After their Burmese, Chinese, and Moroccan adventures, Jérôme Gigot and Yann Gicquel have become acquainted with dealers in India. They bring back old embroidered saris, recycled as Rajasthani quilts, ornate Uzbeki suzani embroidery, and splendid Oriental caftans. Here, the antiques are mingled with other items which are simply traditional. Old-fashioned armchairs, usually purchased in France, are re-upholstered with exotic fabrics imported from afar.*

Stationery, furniture, rugs, china, and perfumes from every land find a place in this collection, as long as they have that little touch of nostalgia mostly for the boom years, 1950-1970. In addition, our tasteful Touristes have released a collection of interior linens: tablecloths, cushions, bath towels, and curtains. The mood is delightfully old-fashioned. They also sell the wonderful Valobra-brand Italian soaps, whose elegant packaging makes them so very Riviera. The price range is as broad as the selection, and there are a number of small gift opportunities.
Tuesday-Saturday, 12-7 pm; Sundays, 2-7 pm.

Les Touristes

89

Claude Nature

32, boulevard Saint-Germain, 5e
Tél. 01 44 07 30 79
M° Maubert-Mutualité
Ouvert du mardi au samedi de 11h à 19h
www.claudenature.com

■ Des papillons du monde entier aux ailes bariolées, des coléoptères époustouflants, des petits mammifères naturalisés, des coquillages aux camouflages facétieux, voilà quelques-unes des surprises que réserve Claude Misandeau, naturaliste, ancien de la célèbre maison Deyrolle, aux amateurs d'entomologie et de cabinets de curiosités. Ces derniers pourront aussi acheter de petits squelettes de perruches sur leur perchoir de bois sombre, des minéraux, des crânes d'animaux, des myriapodes, des scolopendres, des iules, quantité d'arachnides divers et variés, de la mygale au scorpion, ou des fossiles de crabes... En outre, du matériel professionnel (épingles, boîtes et filets) est proposé à tous les chasseurs de papillons. Une boutique que Vladimir Nabokov, collectionneur passionné de lépidoptères, aurait visitée avec jubilation !

■ Exotic butterflies with iridescent wings, beetles like precious jewels, small stuffed mammals, seashells with calligraphic markings: these are just a few of the surprises Claude Misandeau, a naturalist and former Deyrolle staff member, has to offer you. Flesh out your zoology collection or your cabinet of curiosities with a small parakeet skeleton, perched on a dark wood branch. There are also marvels like minerals, geodes, animal skulls, centipedes, millipedes, and an abundance of arthropods both hairy and smooth, from the tarantula to the scorpion to the fossilized crab. In addition to the readymade collectibles, professional equipment (nets, pins, and display cases) is available to butterfly-hunting enthusiasts. Lepidopterist and novelist Vladimir Nabokov would have been delighted to browse this boutique!

Tuesday-Saturday, 11 am-7 pm.

Dans l'air du temps

12, rue Lacépède, 5e
Tél. 01 42 17 06 39
M° Place-Monge
Ouvert du mardi au vendredi
(parfois le samedi) de 11h à 19h

■ Fouineurs, fouineuses, sachez qu'il faut chercher cette boutique discrète, cachée à deux pas de la rue Mouffetard. Avant d'ouvrir Dans l'air du temps, Denise Achard était décoratrice d'intérieur, mais cette autre vie ne lui a jamais inspiré de regrets. Ici, chacun est accueilli avec le sourire, entre des piles d'assiettes et une pléthore de verres. On l'aura compris, les arts de la table des années 1940 à 1970 sont au premier plan.
Les services anciens en faïence ou porcelaine sont légion, la céramique de Vallauris est souvent à l'honneur et les porte-tasses ou les égouttoirs en fil de fer ne sont jamais communs. Vous y trouverez aussi des vaisseliers, nécessaires faire-valoir des pièces chinées dans la boutique, repatinés si besoin pour leur donner de l'allure. Du linge de maison (nappes, draps et torchons anciens), des suspensions, des présentoirs à assiettes surmontés de publicité et de nombreux coups de cœur font de cet Air du temps un refuge indispensable aux nostalgiques des maisons de famille chaleureuses et chargées de souvenirs.

▪ Antique-hunting enthusiasts should be warned that it won't be easy to find this small store, hidden in the Rue Mouffetard neighborhood. Before Denise Achard opened *Dans l'air du temps*, she worked as an interior decorator, but she has never regretted her career switch. Here, she greets every customer with a smile, surrounded by piles of dishes and glasses galore. As you may surmise, housewares from the years 1940-1970 are the focus of her interest. She has a treasure trove of old sets of china, often displays Vallauris ceramics in a place of honor, and is well-acquainted with unusual objects like wire dish-drainers or cup-holders. You'll also find a selection of china closets with which to display the shop's offerings, refinished if necessary to make them more stylish. House linens (old-fashioned tablecloths, sheets, and dish towels), ceiling lamps, dish racks which double as signs, and many other beloved finds make this Air du Temps a refuge for shoppers wishing to recreate the warmth of a family home redolent with memories.

Tuesday-Friday (and sometimes Saturdays), 11 am-7 pm.

97

La Tortue Électrique

7, rue Frédéric-Sauton, 5e
Tél. 01 43 29 37 08
M° Maubert-Mutualité
Ouvert du mardi au samedi de 14h à 18h
www.tortue-electrique.com

■ Contrairement à ce que l'on pourrait imaginer, La Tortue Électrique n'est pas dédiée aux petits, mais aux très grands enfants, à ceux qui ont conservé ou développé une passion pour tous les objets de leur âge tendre ou du temps de leurs ancêtres. Car ici, les jouets et jeux de société sont anciens, de la fin du XIXe au début du XXe siècle, souvent présentés dans leur boîte d'origine. Les jeux de pêche à la ligne, de l'oie, de dames, de mah-jong font pendant aux toupies, quilles ou voitures de pompiers. On peut même y trouver une panoplie d'hôtesse de l'air de 1952 encore sous plastique. Cette boutique, située en plein cœur du quartier Saint-Germain, avec sa petite loggia où est installé le bureau de Georges Monnier, recèle de véritables trésors. Après une mémorable faillite, cet ancien producteur, collectionneur acharné depuis des années, n'avait plus que sa propre collection en guise de ticket pour un nouveau départ. Décidé à vivre de sa passion, il ne se consacra plus désormais qu'à la brocante et commença à vendre ses propres pièces. Depuis de nombreuses années, il sélectionne ainsi des pièces datant de 1870 à 1910 environ. Il faut dire qu'après cette période, nombre de petits fabricants et artisans fermèrent au profit d'une nouvelle industrie du jouet, moins raffinée. Aujourd'hui, sa clientèle se compose bien sûr de collectionneurs, mais aussi de nombreux musées : un gage certain de sérieux au royaume des jeux et du rêve.

Despite the whimsicality of the shop's name, La Tortue Électrique is a toy store for grown-ups, not children: adults who have maintained a passion for playthings and pastimes from their own childhood or that of their ancestors. This is the place to find vintage toys and games from the late 19th and early 20th centuries, often displayed in their original packaging. European favorites like "Pêche à la ligne" and "Le Jeu de l'Oie," and global pastimes like checkers and mah-jong set off singing tops, bowling pins, and toy firetrucks. You can even find a mint-condition 1952 stewardess costume which has never been opened. The boutique, located in the heart of the Saint-Germain neighborhood, has a mezzanine level where Georges Monnier has set up his office. The former producer had been an amateur toy collector for years. He went professional after a business failure, when he had to start selling off his own collection to raise capital for a new start. Determined to live out his dreams, he has dedicated himself to toy-hounding since that day on. He has been concentrating on the vintage years 1870-1910. After that, many small toy crafters closed down, as industrial toy factories began producing less refined playthings at a lower cost. Today, his clientele includes many collectors, of course, as well as museum curators: a guarantee that value is real, even in the realm of fantasies and dreams.
Tuesday-Saturday, 2-6 pm.

La Tortue Électrique

Masala

44, rue Monsieur-le-Prince, 6e
Tél. 01 56 24 11 47
RER Luxembourg ou M° Odéon
Ouvert du mardi au samedi de 14h à 19h
ou sur rendez-vous
www.masala.fr

Coincé entre deux boutiques de la rue Monsieur-le-Prince, Masala est un écrin rempli à craquer de jolies petites merveilles rapportées de tous les recoins de l'Asie, et surtout de l'Inde, par Christine Berthollier, autrefois réalisatrice de télévision pour Canal +. En spécialiste de ces cultures, elle sélectionne ses pièces une à une, et non en lots comme le font bon nombre de ses confrères. L'originalité des objets d'époque ou d'art populaire plein d'esprit, glanés ici et là, saute aux yeux, loin des clichés et des répliques hasardeuses. Masala, "mélange d'épices", porte donc bien son nom et offre une grande variété de coups de cœur, qui vont de la plaque murale de publicité aux affiches bollywoodiennes, en passant par des tableaux incroyables, des lithographies brodées de perles ou de la vaisselle en métal. Christine voyage deux fois par an dans le sous-continent indien pour rapporter ces mille et une merveilles irrésistibles !

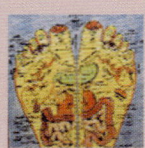

■ *Sandwiched between two shops on the Rue Monsieur-le-Prince, Masala is a jewelbox filled to overflowing with adorable little marvels selected in remote Indian and Asian bazaars by Christine Berthollier, who used to direct TV programs for Canal +. Her knowledge of these cultures helps her to select each of the items she imports back to France one by one, rather than in batches, the way most dealers operate. The originality of the period pieces or folk-art specimens gleaned here and there is obvious. Cliché and unfaithful replica are banished. Masala, which means "mixture of spices," is thus true to its name, offering a thrilling variety of objects to fall in love with, from the metal advertising sign to the Bollywood poster, and including incredible paintings, lithographs embroidered with pearls or metal kitchenware items. Christine travels to the subcontinent twice a year, to bring back a thousand and one of these irresistible marvels!* **Tuesday-Saturday, 2-7 pm, or by appointment.**

À la Mine d'Argent

108, rue du Bac, 7e
Tél. 01 45 48 70 68
M° Sèvres-Babylone
Ouvert du lundi au vendredi de 10h à 18h30
et le samedi de 11h à 17h
www.minedargent.com

■ Cette maison spécialisée dans l'orfèvrerie d'occasion existe depuis le début du XXe siècle et propose des pièces en argent massif comme en métal argenté. Une véritable mine : couverts en argent, théières, cafetières ou plats sont ici légion, pour constituer son trousseau comme la tradition l'exigeait autrefois ou, plus simplement, pour faire des cadeaux. Cette adresse, connue des élégantes du quartier Sèvres-Babylone, reste l'un des grands classiques du chic parisien. C'est le paradis de la timbale de baptême, du rond de serviette, des porte-couteaux, des salerons, des classiques cuillères, couteaux et fourchettes. Autant de pièces qui permettent aux perfectionnistes ou aux sentimentales de compléter leur ménagère ou de remplacer la petite cuillère jetée par mégarde dans une poubelle... Différents services sont aussi accessibles : estimation de pièces, ré-argenture, gravure, liste de mariage et même livraison à l'étranger, il suffit de demander. Un bonheur pour les amoureux du savoir-vivre à la française, qui s'amuseront, c'est sûr, de l'incroyable déclinaison de couverts pour tous les usages : poissons, sauces, escargots, crustacés et autres casse-tête de nos tables. Car le tout n'est pas de faire bombance, mais de le faire avec art !

■ *This shop specializing in second-hand silverware has existed since the early 20th century, and offers both solid silver and plated items. It's truly a silver mine: table settings, ladles, pie-servers, teapots, coffeepots, and platters are available in profusion. A customer can either assemble a trousseau, as tradition once dictated, or simply make gifts to friends. This address, long known to the elegant ladies of the Sèvres-Babylone neighborhood, is one of the great classics of Parisian chic. It's a cornucopia of christening cups, napkin rings, knife rests, salt cellars, and, of course, knives, forks, and spoons. Perfectionists will be grateful for this opportunity to replace that dainty teaspoon which got thrown away by mistake. The shop also provides a range of additional services: appraisal of your collection, re-plating, engraving, a wedding gift registry, and even delivery abroad, upon simple request. This paradise will enchant worshippers at the altar of French gastronomy, amusing them with the incredible variety of flatware prescribed by etiquette for every purpose from soup to nuts: escargot forks, gumbo spoons, and crab claws, all designed to help us cope with our puzzling but delicious dishes. Feasting is not everything: it must be done in style!*
Monday-Friday, 10 am-6:30 pm;
Saturdays, 11 am-5 pm.

À la Mine d'Argent

109

Deyrolle

46, rue du Bac, 7e
Tél. 01 42 22 30 07
M° Rue-du-Bac
Ouvert le lundi de 10h à 13h et de 14h à 19h
et du mardi au samedi de 10h à 19h
www.deyrolle.fr

■ Avec son décor féerique et rétro à la fois, son charme irrésistible, Deyrolle est un lieu unique en Europe. Fondé en 1831 par Jean-Baptiste Deyrolle et son fils Achille, passionnés d'entomologie, le commerce débute par la vente de matériel à l'attention des spécialistes. En 1866, Émile Deyrolle, l'un des petits-fils de la famille, développera tout ce qui concerne l'enseignement avec des modèles anatomiques et les très célèbres planches murales que tous les Parisiens nés avant 1970 connaissent. Papillons et insectes du monde entier, minéraux, fossiles, nécessaires pour herbiers : chacun trouvera forcément son bonheur dans cet incroyable rassemblement naturaliste. Plus surprenante encore, la fascinante collection d'animaux empaillés : un éléphanteau, un lion, un cheval, un ours et bien d'autres, souvent utilisés pour des tournages de films ou de publicités. Pour ceux qui seraient totalement insensibles à cet univers, leur présentation dans les meubles d'origine vaut le détour. Rachetée par le prince Louis-Albert de Broglie et désormais intégrée à son enseigne Le Prince Jardinier depuis 2001, la boutique a été totalement restaurée, avec de petits cabinets de curiosités à visiter absolument ; certaines anciennes planches d'école ont été rééditées. Quoi de plus beau et de plus poétique que de découvrir la nature sur de si belles affiches et dans un aussi joli cadre ?

This venerable natural-history emporium, established in 1831, is a Paris landmark. Founder Jean-Baptiste Deyrolle and his son Achille were impassioned entomologists, and their trade began with the sale of equipment to specialists in their field. In 1866, Émile Deyrolle, one of the family's grandsons, developed the department which printed wall charts, and his main customer became the national school system. The instructive illustrations concerning every subject from human anatomy to botany to geography to civics are familiar to any Parisian born before 1970. Butterfly and beetle specimens from all over the world, minerals, fossils, botanical collection equipment: collectors and do-it-yourself naturalists will no doubt be delighted. Even more amazing is the taxidermy collection: an elephant calf, a lion, a horse, a bear, and many other specimens, often lent out as props for filmmaking. The antique display cases themselves, the originals, will fascinate visitors insensitive to the charms of natural history. Taken over by Prince Louis-Albert de Broglie, who merged it with his brand Le Prince Jardinier in 2001, the vast shop has been fully restored. A veritable museum!
Mondays, 10 am-1 pm and 2-7 pm;
Tuesday-Saturday, 10 am-7 pm.

Deyrolle

Kin Liou

81, rue du Bac, 7e
Tél. 01 45 48 80 85
M° Rue-du-Bac ou Sèvres-Babylone
Ouvert le lundi de 14h à 18h30
et du mardi au samedi de 10h30 à 18h30

C'est un lieu magique et plein de mystère que cette petite boutique raffinée, où M. Liou officie avec une affabilité sans pareille et une généreuse érudition. Les objets et petits meubles vendus ici sont tous anciens, généralement d'inspiration coloniale, et ont été fabriqués le plus souvent en France. Ce style, très en vogue au XIXe siècle, vit apparaître pléthore de statuettes d'enfants africains, de petites tables en bambou laqué asiatique, de bronzes orientalisants (que Kin Liou transforme parfois en lampes), de boîtes délicates en ivoire au couvercle travaillé, de sculptures animalières, de paniers élégants en fibres. Autant d'objets représentatifs d'une époque – de ses travers comme de ses charmes – et qui révèlent la vision fantasmagorique de nos ancêtres sur les colonies d'alors. D'autres objets dits "de curiosité" viennent s'ajouter à cette fort belle collection, comme des boîtes à tabac, des encriers, des bustes en terre cuite... Ces petites pièces, souvent présentées dans des vitrines ou sur des étagères, ont en commun leur grande qualité et une indéniable originalité. Et si vous souhaitez voir davantage de meubles, demandez à M. Liou de visiter la remise située à deux pas.

■ *This tiny, elegant boutique is a magical and mysterious realm, where Mr Liou officiates with superb affability and erudition he is happy to share. The objects and small cabinets he sells are all antiques. Most of them are inspired by French colonial discoveries, but were made in France. This style, highly fashionable among 19th-century dandies, is the source of the many statuettes of African children, small lacquered bamboo tables from Asia, imitation Oriental bronzes (sometimes made into lamps by Kin Liou), delicate ivory chests with carved tops, sculptures of animals, and elegant woven baskets. All these objects bespeak a bygone era when our forebears had many illusions about their empire, an era of both charm and depravity. Other objects, known as curiosities, supplement the collection: snuffboxes, inkwells, and terracotta busts. These smaller items, often displayed in cases or on shelves, share an undeniable originality and great quality in craftsmanship. If you'd like to see more furniture, ask Mr Liou to give you a tour of the warehouse located nearby.*
Mondays, 2-6:30 pm;
Tuesday-Saturday, 10:30 am-6:30 pm.

Kin Liou

117

Et Puis c'est Tout

72, rue des Martyrs, 9e
Tél. 01 40 23 94 02
M° Pigalle
Ouvert le lundi de 14h à 19h,
du mardi au samedi de 12h à 19h30
et parfois le dimanche de 15h à 19h30 environ

■ Décidément, tous les chemins mènent à la déco ! D'abord employé de banque puis animateur au Club Méditerranée, Vincent Venin, roi du bricolage et chineur assidu, reçoit un jour un coup de fil de son frère qui l'avertit de la mise en vente d'une boutique à deux pas de chez lui. En moins de temps qu'il n'en faut pour le dire, Vincent s'en rend acquéreur et se métamorphose en brocanteur, entraînant sa femme dans l'aventure. Les années ont passé, mais la passion et le plaisir d'exercer ce métier sont toujours là. Aujourd'hui spécialisé principalement dans les années 1950 à 1970, il propose des pendules, des cendriers publicitaires, de vieilles enseignes (comme les mythiques "carottes" des bureaux de tabac) ou encore des casiers et vestiaires professionnels en métal, un grand nombre de meubles administratifs et des luminaires. Inventif, Vincent adore assembler, recréer et n'hésite pas à concocter, à partir de pièces détachées, de nouveaux objets, comme ce lampadaire fabriqué à partir d'un pied de sèche-cheveux professionnel.

■ Apparently, all paths lead to vintage! Vincent Venin, once a master do-it-yourselfer and assiduous antiques hound, worked first at a bank and then as a Club Méditerranée staff member. One day, he got a phone call from his brother, telling him that a shop right in his neighborhood had been put up for sale. In a flash, Vincent acquired the property and changed himself into a professional dealer, bringing his wife along on the adventure. Many years have gone by since, but the passion and pleasure of plying this trade have stayed with the Venin couple. Today, they specialize chiefly in vintage 1950s to 1970s objects: clocks, bistro ashtrays bearing beverage ads, and old signs (like the legendary "carrots" that indicate tobacco shops), as well as old-fashioned metal office and factory cubbyholes, file cabinets, and lockers. There's also a selection of lighting. Vincent has an inventor's talent, and loves to assemble new pieces from the parts of old. One of the most amusing contraptions he has concocted is a floor lamp which used to be a beauty-salon hair dryer.

Mondays, 2-7 pm; Tuesday-Saturday, 12-7:30 pm; occasionally Sundays, 3-7:30 pm.

Et Puis c'est Tout

121

Brokatik

2, rue de l'Hôpital-Saint-Louis, 10e
Tél. 01 42 40 10 34
M° Gare-de-l'Est ou Colonel-Fabien
Ouvert du mercredi au vendredi
de 12h30 à 19h,
le samedi et le dimanche
de 15h à 19h

■ Des casiers de rangement en métal, du mobilier industriel, des bacs de courrier en fil de fer, des porte-tampons, une perforatrice... Il ne manque que l'ombre d'un rond-de-cuir résigné en blouse grise et le bruit d'un tampon oblitérant une lettre pour que l'on se croie perdu dans un vieux bureau de poste, d'usine ou d'une quelconque administration des années 1950 ou 1970. Éric Gosse, ancien photographe plasticien, trouve grand plaisir à cultiver une saine indépendance d'esprit et à nourrir sans cesse sa curiosité au fil de ses recherches. Il choisit les pièces "au feeling", et cela se sent. Là, on frôle une amusante table de kinésithérapeute en bois des années 1960, on aperçoit en hauteur un salon typiquement 1970; ici, on contourne de petites tables d'appoint aux piétements en fer noir torsadé sur lesquelles des boîtes sont posées, pleines de porte-clés publicitaires. Du tempérament, de la rigueur : une combinaison attachante.

■ *Metal filing cabinets, industrial furnishings, wire-mesh mail baskets, a stand for rubber stamps, a punch... If you added the shadow of the bored bureaucrat, in his gray smock, and the sound of him postmarking a letter, you'd think you'd stepped through a wrinkle in time to a post office from the 1950s. Eric Gosse, former art photographer, finds great pleasure in cultivating his philosophical independence. As he hunts for treasures from the 1950s and 1960s, he is continually feeding his curiosity. He's an intuitive buyer, and you can feel it, as you brush past the wooden physical-therapist's table from the 1960s and catch a glimpse of the typical 1970s living room upstairs. Wending your way around the little end tables with twisted iron legs, which hold boxes full of promotional key rings, you are bound to marvel at the spirit and discipline of this collection. An engaging combination.*
**Wednesday-Friday, 12:30-7 pm;
Saturdays and Sundays, 3-7 pm.**

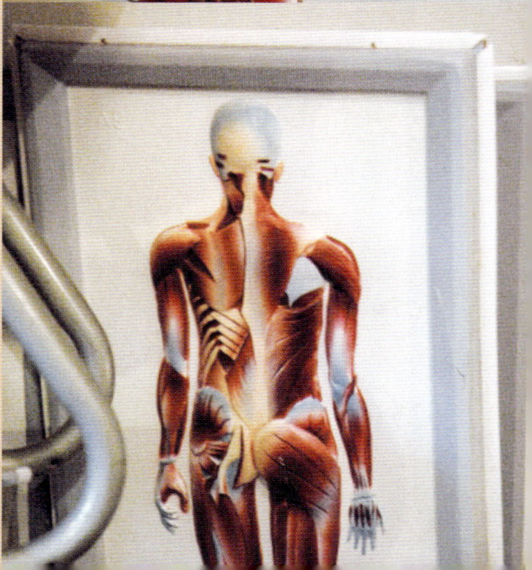

Brokatik

Loulou les Âmes Arts

104, quai de Jemmapes, 10ᵉ
Tél. 01 42 00 91 39 ou 06 11 42 35 98
M° Jacques-Bonsergent
Ouvert du mercredi au dimanche de 14h à 19h

■ "Atmosphère ? Atmosphère ? Est-ce que j'ai une gueule d'atmosphère ?" La célèbre réplique d'Arletty flotte encore sur les brumes du canal... C'est en effet à deux pas de l'Hôtel du Nord que Loulou a pris racine. Graphiste puis photographe, elle découvre le métier de la brocante petit à petit dans une période un peu "flottante" de son existence, s'y attache et finit par se jeter à l'eau en ouvrant sa boutique. Aujourd'hui, son plaisir de chiner reste aussi vif, et sa sélection, du XIXᵉ siècle aux années 1960, en est la parfaite illustration. Meubles de métier, comme un étonnant rangement de dentiste à multiples tiroirs des années 1930, mobilier de poupée, formes à chapeaux, chaussures, accordéons, meubles industriels, verrerie font partie des objets qui vont et viennent au gré de l'inspiration poétique et des trouvailles du jour. Si vous poussez la curiosité jusqu'au fond de la boutique, vous y découvrirez le coin atelier où Loulou restaure les luminaires, remet en état les systèmes électriques et crée des pièces insolites. Une manne à explorer régulièrement.

■ *"Atmosphère? Atmosphère? Est-ce que j'ai une gueule d'atmosphère?"* *You can't visit the Hôtel du Nord neighborhood, where Loulou is located, without recalling Arletty's fantastic lines from the film by Marcel Carné. Loulou, who worked first as a graphic artist and then as a photographer, discovered the antiques trade at a time in her life when she was adrift. She became attached, and finally dove in, opening her own shop. Today, she enjoys the treasure hunt as much as ever, and her selection, which includes pieces from the 19th century to the 1960s, reflects her enthusiasm. Vintage office furnishings, like the impressive 1930s dentist's cabinet with myriad drawers; the dollhouse furniture; hat forms; shoes; accordions; industrial furnishing; and glassware: all these objects may come and go, depending on Loulou's poetic inspiration and the finds of the day. If you're curious enough to venture all the way to the back, you'll find the workshop where Loulou re-wires lamps and other electrical gadgets, and creates original devices. This is a collection worth keeping an eye on.*
Wednesday-Sunday, 2-7 pm.

SPATUL

CISEAUX à B

Loulou les Âmes Arts

Au Progrès

11 bis, rue Faidherbe, 11e
Tél. 01 43 71 70 61
M° Faidherbe-Chaligny
Ouvert du lundi au vendredi
de 8h30 à 12h et de 13h30 à 18h
www.auprogres.net

■ Véritable monument du quartier du faubourg Saint-Antoine, puisqu'elle date de 1873, cette quincaillerie d'ameublement propose environ 5 000 références de poignées de porte, boules d'escalier, serrurerie d'ameublement, boutons de style, béquilles de fenêtre en fonte, en fer ou en bronze. L'actuel propriétaire, Georges Layani, dont le père avait racheté cette affaire en 1960, a passé son enfance à déambuler entre les tiroirs et comptoirs en chêne patiné, et voue une véritable passion à ces détails qui font toute la différence. Le choix proposé est absolument gigantesque et Georges avoue n'avoir toujours pas réussi à venir à bout de toutes les références contenues dans sa réserve : certains cartons n'ont encore jamais été ouverts ! Pour la petite histoire, c'est à M. Layani père que l'on doit d'avoir instauré cette habitude de plaquer sur chaque tiroir de la boutique une pièce de son contenu pour faciliter le service. À ne pas rater : la grosse caisse enregistreuse d'origine américaine (1908), toujours en service, et qui vaut définitivement le coup d'œil. Un lieu culte !

■ Founded in 1873 and one of the landmarks of the Faubourg Saint-Antoine furniture district, this hardware emporium features an inventory of about 5,000 doorknobs, drawer pulls, ornamental newel caps, cabinet locks, period fittings, and cast-iron or bronze fittings for French windows. The current proprietor, Georges Layani, whose father bought the business in 1960, spent his childhood wandering through the aisles lined with drawers and shiny old oak counters. He personally sees to it that the catalogue is complete, which sets this ironmonger's apart. There's such a huge selection that Georges admits there are still some unopened boxes in his storeroom: he has never quite used up all the items in his inventory. Fun facts: it was Layani the elder who started the custom of displaying a sample of the contents of a drawer on the drawer front, to make it easier to serve customers. Don't miss the big Yankee-made cash register, vintage 1908 but still being used. It's definitely worth a look. A Mecca!

Monday-Friday, 8:30 am-12 pm and 1:30-6 pm.

Au Progrès

133

Carouche

18, rue Jean-Macé, 11^e
Tél. 01 43 73 53 03
M° Charonne
Ouvert le lundi de 14h à 19h
et du mardi au samedi de 11h à 19h
www.carouche.typepad.com

■ Caroline Giraud se dépare rarement de son grand sourire. Cette chineuse de toujours a d'abord étudié l'histoire de l'art et s'est essayée à la photographie avant de créer une société de location de voitures anciennes pour les tournages de films et autres événements... Curieuse idée ? Pas pour une fille de collectionneur ! Rattrapée par sa passion pour la chine, Caroline a décidé ensuite de s'installer dans sa boutique... mais pas dans la routine ! Dans son antre coloré, elle ne se contente pas de vendre des pièces anciennes : elle les restaure, les réinterprète, faisant évoluer leur forme ou leur fonction, n'hésitant pas à les repeindre dans des tons "contemporains" si cela lui semble opportun. Vous trouverez chez elle des luminaires, des meubles et des accessoires souvent années 1950, des meubles et menus objets industriels, tels d'anciens vestiaires ou des casiers en tôle ou en bois, mais aussi des écritoires, un curieux stérilisateur de matériel médical en cuivre, d'anciens sièges de cinéma au confort improbable mais au charme certain, des tasses et leurs soucoupes en porcelaine bavaroise aux motifs tous différents... Sa sélection est complétée par des objets de créateurs plus ou moins connus, qu'elle mêle avec délectation à des objets de récup', souvent dénichés dans le Nord ou en Belgique. Petit secret : son rêve serait d'introduire dans ses propositions ses propres créations !

■ *Caroline Giraud is almost always wearing a broad smile. An antique lover practically from the cradle, she first studied art history and tried a career in photography before starting a company which rented vintage automobiles for film shoots and other events. You may find the idea curious, but for a collector's daughter, it was only natural. Yielding to her passion for the hunt, Caroline then decided to open her own antiques shop... but in an original way, of course! Her colorful den is more than just a sales point for objects from the past: she restores them, reinterprets them, evolves them in form or function, and might even go ahead and repaint them in contemporary hues, if she feels that would be an improvement. She stocks vintage fifties light fixtures, cabinets, and accessories; industrial furniture including metal or wooden lockers and filing cabinets, and desks. But she also exhibits a strange copper sterilizing unit for medical equipment, movie-theater seats which, though unlikely to be comfortable, have a great deal of charm, and Bavarian porcelain teacups and saucers, all with different designs... She completes her inventory with objects from more or less well-known designers, which she delights in combining with salvaged materials often found in northern France and Belgium. And here's a little secret: she'd like to start introducing her own creations at her shop!*
Mondays, 2-7 pm; Tuesday-Saturday, 11 am-7 pm.

LI-LOUP

Carouche

137

Le Château de ma mère

108, avenue Ledru-Rollin, 11e
Tél. 01 43 14 26 03
M° Ledru-Rollin
Ouvert le lundi de 14h30 à 19h30
et du mardi au samedi de 11h30 à 19h30

■ Dans cette brocante, dépôt-vente à ses heures, nombre de mères de famille bobos (ou pas) du quartier viennent déposer les jouets en surnombre de leurs petits monstres, les poussettes désormais inutiles et autres accessoires que certaines de leurs consœurs sont ravies de trouver à bas prix. Catherine Palhalmi a créé cet espace original où, en fouinant parmi les pièces anciennes ou les occasions plus récentes, on découvre landaus, poussettes, lits, parfois fort anciens, ou encore une chaise de coiffeur pour enfant, un pupitre américain avec armature en fonte, un cygne à bascule des années 1950... sans oublier des lampes, miroirs, patères et quantité d'autres petites merveilles. À noter aussi, une fort belle collection de chaises hautes anciennes dans la première salle surplombant des casiers à vêtements. Douceur, charme et simplicité... le goût de l'enfance.

■ *A specialty second-hand shop which also occasionally serves as a consignment store for the bobo (and non-bobo) mothers in the neighborhood. They deposit their little monsters' surplus toys, outgrown strollers and prams, and other nursery accessories, which their fellow moms are delighted to find at a discount price. Catherine Palhalmi invented this original concept. As you browse the selection, wherein antiques are mingled with more recent second-hand items, you will find some charming vintage pieces, especially among the cribs. There's also a child-sized barber's chair, an American classroom desk with a cast-iron frame, and a rocking swan from the 1950s. Nursery lamps, mirrors, wall decorations, and many other marvelous little accessories await you. A fascinating collection of old-fashioned high chairs overlooks the racks of children's clothing. Sweetness, charm, and simplicity: the taste of childhood.*
Mondays, 2:30-7:30 pm;
Tuesday-Saturday, 11:30 am-7:30 pm.

Complément d'objet

11, rue Jean-Pierre-Timbaud, 11e
Tél. 01 43 57 09 28
M° Oberkampf
Ouvert du mercredi au samedi de 14h à 20h
et le mardi sur rendez-vous
www.complementdobjet.com

■ Des luminaires au sol, au plafond, et puis des chaises, des tables basses et du petit mobilier, de-ci, de-là, un soupçon de déco... Tous les recoins de cette boutique-caverne et de sa cave voûtée sont envahis d'objets souvent signés. Dans son petit bureau, planqué au fond de sa boutique, Patrice Rotenstein veille. Ce n'est pas un bavard, sauf quand il s'agit d'aborder sa passion : la réparation et la restauration. Cet ancien étudiant en électronique est un bricoleur de génie. Son domaine de prédilection : le luminaire des années 1930 à 1980. Applique-sculpture en métal doré, lampadaires, lampes à poser et même baladeuses sont en nombre, avec des pièces de Pierre Guariche, des lampes industrielles Gras ou Ravel, des appliques de Gilles Derain... Pour agrémenter l'ensemble, de petites tables d'Alvar Aalto, des chaises de Prouvé, et d'autres grands classiques du design sont aussi à chiner en boutique et dans sa réserve toute proche, à visiter sur rendez-vous.

■ *Imagine a solid collection of floor lamps and ceiling fixtures, add some chairs, coffee tables, and small cabinets, a dash of vases and other accessories, and you have some idea of what awaits you here. The two-floor shop, with a vaulted cellar, is packed with objects, often designer originals. From a small office in the back, Patrice Rotenstein keeps watch. He's not the chatty type, unless you get him started on his passion: repairs and restoration. A former electronics student, he has true genius as a tinkerer. His favorite subject is vintage lighting from the 1930s to 1980s. Gilded deco wall-mounts, desk lamps, ceiling lamps, and even table lamps are available in profusion, with creations by Pierre Guariche, Gras or Ravel brand industrial lighting, or Gilles Derain wall sconces. To vary the pleasures, there are also small tables designed by Alvar Aalto, Prouvé chairs, and other design classics, in the shop or in the storeroom nearby, which can be visited on appointment..*
Wednesday-Saturday, 2-8 pm;
Tuesdays by appointment.

Les Curieuses

4, rue Oberkampf, 11e
Tél. 01 47 00 97 65
M° Filles-du-Calvaire
Ouvert le lundi de 14h à 19h30
et du mardi au samedi de 10h30 à 19h30
www.lescurieuses.com

Toute nouvelle, cette boutique ouverte par Bruno Tin et David Gaillard, aux murs peints dans les tons taupe et gris, allie élégance et raffinement. David, né dans une famille de chineurs, a commencé à s'exercer au métier dès l'âge de 15 ans. Récemment encore, il était brocanteur à Rouen. Il possède toujours en Normandie un entrepôt de 400 mètres carrés plein à craquer de marchandises dont on peut avoir un aperçu en parcourant le book de photos présenté dans la boutique. Lui, ou l'un de ses comparses, accueille les visiteurs au milieu de meubles industriels anciens, de tables de ferme ou de monastère, de pupitres d'écolier, de jouets en tôle, de chevaux à bascule ou de lits pour enfant en fer forgé... Les amateurs de textiles trouveront aussi des pièces de qualité, quantité de draps anciens en lin, teints dans les tons "maison", mais aussi des dessus-de-lit entièrement en dentelle et de sublimes trousseaux. Des textiles contemporains de Dominique Kieffer peuvent aussi être transformés en coussins ou rideaux par l'atelier de confection de la maison. D'autres créations originales titillent la curiosité, comme les céramiques de Kim Heyong ou de Vincent Bellanger et les panneaux figuratifs ou à effets de matière sur commande. Les Curieuses travaillent aussi à la conception d'appartements et réalisent des chantiers. Dernier conseil : attention en descendant le microscopique escalier, un tantinet à pic.

When Bruno Tin and David Gaillard opened their brand-new showroom, with its taupe-and-gray color scheme, they opted to combine elegance and refinement. David, whose parents were antique dealers, began to ply the trade when he was only 15 years old. Not long ago, he was a dealer in Rouen, and still owns a 4,000-square-foot warehouse in Normandy filled to the rafters with merchandise. Customers and visitors to the Paris store are welcomed by the owners amid the vintage industrial cabinets, farm or monastery dining tables, school desks, metal toys, rocking horses, and wrought-iron children's bedsteads. Fabric lovers will be delighted by the quality and quantity of the bedlinen selection, dyed in the house colors. There are also lace bedspreads and splendid trousseaus for new brides. Contemporary fabrics designed by Dominique Kieffer can be made into cushions or curtains right in the shop, by the seamstress. Other original creations arouse curiosity: ceramics by Kim Heyong or Vincent Bellanger, and the panels with figurative or material motifs, which can be made to order. Les Curieuses can also be hired as an interior-design and contracting team. Parting advice: go down the tiny staircase carefully — it's a bit steep.

Mondays, 2-7:30 pm; Tuesday-Saturday, 10:30 am-7:30 pm.

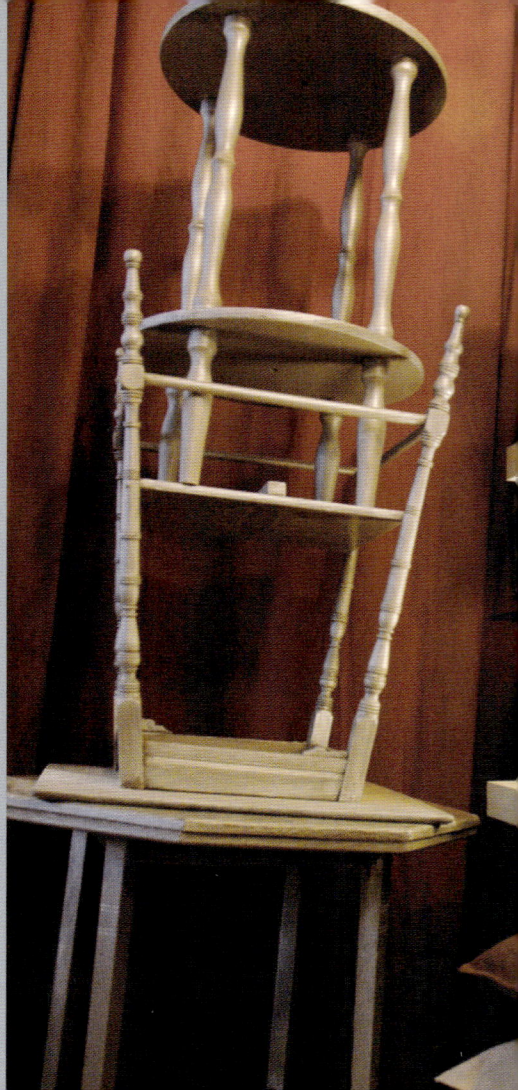

Les Curieuses

149

150

Les Frères Nordin

215, rue du Faubourg-Saint-Antoine, 11e
Tél. 01 43 72 38 35
M° Faidherbe-Chaligny
Ouvert du lundi au samedi de 9h30 à 12h30
et de 14h30 à 18h

■ Le faubourg Saint-Antoine fut longtemps célèbre pour ses ébénistes, laqueurs, bronziers et autres artisans du meuble. Ils sont encore nombreux, même si les temps ont changé, à avoir pignon sur rue ou à se cacher dans les multiples cours et passages qui ont toujours fait la particularité du faubourg. Ainsi, en passant sous un porche, le long de la boutique de meubles des Frères Nordin (aussi ébénistes) atterrit-on dans leur espace droguerie. Dans ce véritable institut de beauté du bois, sont vendus et recommandés nombre d'onguents mystérieux mis au point par ces spécialistes pour embellir, entretenir, restaurer ou encore patiner tous les objets, sols et parquets en bois. Sur les étagères, des pots et des bocaux contenant de véritables trésors : vernis au tampon, fondur pour boucher les pores du bois, de l'huile de lin, d'œillette, des colles de poisson, du bitume de Judée, de la popote (mixture magique connue de tous les antiquaires-restaurateurs), des gommes adragantes, de la cire pour encaustiquer, sans oublier de la laine d'acier, des mèches de coton, des brosses pour faire briller et bien sûr des pinceaux. Mais ce n'est pas tout : conseils et gentillesse vont de pair ici avec l'exceptionnelle qualité des produits proposés.

■ Long famous as the furniture district, the Faubourg Saint-Antoine was where all the cabinetmakers, finishers, bronzesmiths, and other craftsmen were located. Times have changed, of course, but a few of them still maintain shops on the street or in the many alleys which have always made the Faubourg special. For instance, if you duck into the courtyard that runs alongside the Nordin brothers furniture shop (for they are also cabinetmakers), you'll reach their hardware store. It's a regular beauty salon for wood, where you can get expert advice about the mysterious oils, unguents, and varnishes these specialists have developed to beautify, maintain, restore, or give a shiny finish to wooden furniture or flooring. The shelves contain tins and jars of miracle products: French varnish, color-coordinated fillers to plug up the pores in the wood, linseed oil, poppy seed oil, fish-based glues, bitumen, "popote," a magical conditioner familiar to all antiques-restorers, gum tragacanth of various types, and beeswax polish, as well as all the other tools of the refinishing trade: steel wool of various weights, cotton and polishing brushes, and, of course, paintbrushes for specialty tasks. Amiably offered advice paired with the exceptional quality of the products offered make this shop a must-see.

Monday-Saturday, 9:30 am-12:30 pm and 2:30-6 pm.

Les Frères Nordin

La Maison

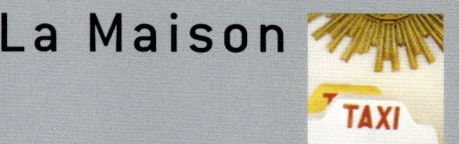

3, rue Neuve-Popincourt, 11e
Tél. 01 48 06 59 47
M° Parmentier
Ouvert du mardi au vendredi de 12h à 19h,
le samedi et le dimanche de 14h à 19h

■ Ici, les époques se croisent volontiers, tout comme les sensibilités. Deux jeunes femmes sont à l'origine de cette aventure. L'une était graphiste, l'autre secrétaire de direction. Leur passion pour la chine devenant par trop envahissante, Dominique et Éléonore ont abandonné leur métier, mis en commun leur énergie et ont créé La Maison. Spécialisées dans les années 1950, 1960 et 1970, elles cherchent tous azimuts des objets pour lesquels elles craquent totalement. Et ils sont nombreux : des petits meubles, des suspensions, un mini-buffet de cuisine ou encore une armoire en métal, semblent attendre leur acquéreur. Un énorme ventilateur Continental des années 1950 trône au centre du magasin. Sur le côté, sur de grandes étagères en carreaux de plâtre, un mange-disque, des assiettes, des verres, des carafes s'accumulent. La génération des quadras s'amusera en retrouvant ici les fameuses tasses offertes en bonus aux clients des stations Mobil : des objets cultes parmi d'autres dans cette Maison pas comme les autres.

■ Here, periods intentionally intersect, just as affinities do. This is an adventure launched by two young women. One was a graphic artist; the other, an executive assistant. Their antique addiction was getting out of control, so Dominique and Eléonore quit their jobs, pooled their energies, and created La Maison. As experts on the 1950s, '60s, and '70s, they shop for love-at-first-sight vintage, the type of things that strike them as absolutely irresistible. And they find it: small pieces of furniture, ceiling suspension lights, a tidy little kitchen cabinet, a metal one: all seem to wink at the browsing shopper. An enormous Continental brand fan from the 1950s rules the center of the store. The plaster-block shelving along the side wall displays a car stereo that plays 45s, plates, glasses, and pitchers. Fortysomethings will chuckle at the sight of the Mobil gasoline gift glasses from their childhood — totems which make this Maison such a unique place.
Tuesday-Friday, 12-7 pm;
Saturdays and Sundays, 2-7 pm.

FRIGIDAIRE
la vraie

La Maison

157

Trolls et Puces

1, rue du Marché-Popincourt, 11e
Tél. 01 43 14 60 00

Belle Lurette

5, rue du Marché-Popincourt, 11e
Tél. 01 43 38 67 39
M° Parmentier

Ouverts du mardi au vendredi de 12h à 19h,
le samedi et le dimanche de 14h à 19h

■ Deux boutiques en une ! Ces deux enseignes, pourtant indépendantes, ne sont séparées que par un rideau de fer que l'intelligence des propriétaires a vite levé ! On passe donc de l'une à l'autre sans même s'en rendre compte. Du côté de Trolls et Puces, une forte odeur de peinture vous saisit les narines, de petites mains s'activent sur la patine d'un meuble, on se faufile entre des volets de bois à transformer, un vieux feu tricolore, de la quincaillerie, des casiers en fil de fer, mais aussi des lustres à pampilles... Trois pas plus loin, chez Belle Lurette, ce sont des meubles de grainetiers ou merciers, une commode de charme flirtant avec un canapé de style Napoléon III, des tableaux couvrant les murs — les pièces sont même parfois empilées les unes sur les autres. Il faudra toute votre vigilance pour ne rien rater de cette sélection d'une grande variété. Au premier coup d'œil, il semble difficile d'identifier ce qui appartient à telle ou telle enseigne, mais regardez avec attention, de petites étiquettes le précisent, et puis les maîtresses des lieux connaissent par cœur leur marchandise.

■ *Two shops in one! These two dealers are totally independent, but the only thing separating their shops was a steel shutter. They wisely lifted it, immediately. Now, without even realizing it, the customer zig-zags from one shop to the other. On the Trolls et Puces side, you may catch a whiff of paint: craftspeople at work on a refinishing job. You wander past salvaged wooden shutters, an old traffic light, metal fittings, and metal grillwork shelving, but you'll also notice a handsome crystal chandelier. Three steps away, at Belle Lurette, there are cabinets from grain shops or notions merchants, an adorable chest of drawers flirting with a Second Empire divan, walls covered with pictures: such a profusion of stuff that it literally has to be stacked. Keep your eyes peeled, or you'll miss something, there's such a variety of goodies. At first glance, you may be puzzled about which shop an item belongs to, but if you check closely, you'll see a little tag indicating that detail. In any case, the mistresses of the shop know their merchandise by heart.*
Tuesday-Friday, 12-7 pm; Saturdays and Sundays, 2-7 pm.

98.

500m

Belle Lurette

Caravane Emporium

22, rue Saint-Nicolas, 12e
Tél. 01 53 17 18 55

Caravane Chambre

19, rue Saint-Nicolas, 12e
Tél. 01 53 02 96 96
M° Ledru-Rollin

Ouverts du mardi au samedi de 11h à 19h
www.caravane.fr

Après avoir fait ses débuts chez l'antiquaire Didier Aaron, puis avoir été longtemps directrice de la maison d'édition textile Étamine, une référence dans les années 1980, Françoise Dorget flâne aux quatre coins du monde de souks en bazars. De ses voyages, cette infatigable curieuse glane tissus et objets usuels produits dans le respect du savoir-faire traditionnel des pays qu'elle visite. Dans sa boutique Caravane Emporium, un nom choisi en référence aux coopératives d'État indiennes autrefois appelées "emporiums", elle met en scène des objets hétéroclites empreints d'une poésie certaine. Ici, les textiles et objets ne sont pas anciens, mais leur création a nécessité la mise en œuvre de techniques qui souvent le sont. Dans l'esprit des anciens comptoirs d'objets et de textiles, on trouve des tissages marocains, des marmites en tôle indiennes, de curieux poufs en pneus recyclés, des tapis, des lampes baladeuses, des textiles tous plus beaux les uns que les autres. Dans sa petite boutique aux murs passés à la chaux bleutée, elle ne se contente pas d'objets venus de contrées lointaines, mais propose aussi des pièces européennes, parfois même contemporaines, tels ce pouf fait d'une botte de paille gainée de plastique transparent ou cette applique baladeuse au long fil rouge orangé. Elle s'autorise tous les contrastes et crée ainsi des passerelles entre des mondes différents, avec un raffinement sans pareil.

■ *After an apprenticeship with the international gallery and antiques house Didier Aaron, Françoise Dorget did a long stint as head of Εtamine, the famous fabrics maker of the 1980s. Leaving the corporate world behind, she embarked on a tour of the planet's bazaars and marketplaces. From her travels, this indefatigable explorer gleaned fabrics and everyday utensils made according to the traditional folkways of the people she visited. The name of her Paris shop, Caravane Emporium, is borrowed from that of the Indian state cooperatives. Her own marketplace is a stage for objects which, though heterogeneous, undeniably have a poetry in common. The textiles and implements are not very old, but the techniques used to make them are usually ancient. The shop feels like an old colonial trading post, stocked with weavings from Morocco, iron cookware from India, an odd hassock made from a recycled tire, carpets, small lamps, and fabrics of spectacular beauty. However, in addition to the merchandise from distant lands, the little gallery with blue-tinted whitewashed walls contains European wares, some which are even contemporary: a hassock made of a bale of straw upholstered in transparent plastic, and a movable wall sconce with a long vermilion wire. Engaging freely with contrast, Françoise creates bridges between different worlds, with empathy and refinement.*
Tuesday-Saturday, 11 am-7 pm.

Caravane Emporium / Caravane Chambre

167

Les Modernistes

2, rue Théophile-Roussel, 12ᵉ
Tél. 06 26 12 37 41
M° Ledru-Rollin
Ouvert du jeudi au samedi de 10h à 19h30
et le dimanche de 10h à 14h
www.lesmodernistes.com

Chancelia Debraux est une adepte des années 1950 à 1970, et plus largement du XXᵉ siècle. Au sein de sa boutique aux larges baies vitrées, à un jet de pierre du marché d'Aligre et de ses brocanteurs, elle présente des pièces design de grande qualité signées Pierre Guariche, Pierre Paulin, Jean-Michel Wilmotte ou René-Jean Caillette. Dans cet espace très aéré, plus proche dans son organisation d'une galerie que d'une simple boutique, luminaires et meubles sont disposés sobrement. La référence du lieu ? Le fameux Salon des arts ménagers où, dès 1923 et pendant soixante ans, s'exposèrent dans une véritable effervescence créatrice toutes les nouveautés possibles pour la maison.

Dans ce décor résolument contemporain, Chancelia Debraux organise tous les ans une exposition sur un thème particulier : "Cinquante sièges des années 1950" ou "Quarante pièces choisies des céramistes Andrée et Michel Hirlet (1962-2005)", mais aussi "Sérigraphies et peintures d'Ado Sato", un grand artiste japonais. Le travail de cette spécialiste éclairée et partageuse lui vaut ainsi la visite régulière de certains de nos grands designers, peut-être en quête d'inspiration !

■ *Chancelia Debraux champions the boom decades from the 1950s to the 1970s, and, more generally, the 20th century. Her shop with the big bay windows, a short hop away from the Marché d'Aligre and its small flea market, offers design classics created by such great names as Pierre Guariche, Pierre Paulin, Jean-Michel Wilmotte, and René-Jean Caillette. In these spacious surroundings, which resemble a gallery more than a second-hand store, lighting and furniture is arranged with sobriety. Chancelia's favorite reference is the famous Salon des Arts ménagers – a French housewares trading show – which, from 1923 into the 1980s, was the showcase for the incredible creative effervescence around every possible novelty in home furnishings.*

In this resolutely contemporary setting, Chancelia Debraux organizes a yearly exhibit on a special theme. In the past, she has done "Fifty 1950 chairs," "Forty pieces chosen by ceramicists Andrée and Michel Hirlet (1962-2005)." She has also featured "Silk screens and paintings by Ado Sato," a great Japanese artist. As an enlightened and generous scholar, Chancelia welcomes today's great designers into her shop on a regular basis. Perhaps it's a source of inspiration for them!

Thursday-Saturday, 10 am-7:30 pm; Sundays, 10 am-2 pm.

Les Modernistes

Les Portes du Monde

166, boulevard du Montparnasse, 14e
Tél. 01 43 35 01 02
RER Port-Royal ou M° Vavin
Ouvert du mardi au samedi de 11h30 à 19h
ou sur rendez-vous
www.portesdumonde-paris.com

L'idée est pour le moins originale, et il fallait oser tenter l'expérience ! Sensible à la symbolique de la porte, à sa notion d'accueil, Croisine Lebas se désespérait de voir sa standardisation s'imposer peu à peu dans nos contrées. C'est ainsi que, loin des généralistes du meuble, Croisine a, sans hésiter, choisi de ne proposer que des portes anciennes, lointaines, petites ou grandes, larges ou étroites, peintes, sculptées, en teck, en cèdre... Elles sont majoritairement des XVIIIe et XIXe siècles, chinées en Inde, au Pakistan, au Maroc ou en Chine. Quelques pièces architecturales — portiques ou colonnes, moucharabiehs, fenêtres — sont autant d'exceptions qui échappent à la règle et complètent cette sélection. Elle reçoit aussi sur rendez-vous dans son entrepôt-atelier où sont visibles davantage de pièces et où il est possible d'adapter aux intérieurs les plus parisiens tous les modèles proposés en boutique.

The idea is original, to say the least, and the experiment is a daring one. Attuned to the symbolism of the door and the concept of "welcome" associated with it, Croisine Lebas was dismayed to see its design being uniformized. As a result, Croisine chose to specialize in antique, exotic doors, large and small. Some of them are painted; others are carved. Some are made of teak, others of cedar. Most of the doors date from the 18th and 19th centuries, and were found in India, Pakistan, Morocco, and China. There are a few architectural elements as well: porticos, columns, mashrabiyas, and windows are exceptions to the door rule, and find a place in the selection. The warehouse-studio can be visited by appointment, should you wish to explore the collection further. It is possible to adapt all the models displayed in the shop for installation in a Paris apartment.
Tuesday-Saturday, 11:30 am-7 pm or by appointment.

Les Portes du Monde

175

Les Puces de Vanves

Le samedi et le dimanche de 7h à 13h, avenue Marc-Sangnier,
et de 7h à 15h-17h (selon les marchands) avenue Georges-Lafenestre, 14e
M° Porte-de-Vanves
www.pucesdevanves.typepad.com

■ Les puces de Vanves seraient les plus anciennes de la capitale : on trouve des traces écrites de leur existence dès la fin du XVIIIe siècle. Ces puces du sud de la ville, situées aujourd'hui sur les avenues Marc-Sangnier et Georges-Lafenestre sont un immense déballage, un vaste marché en plein air, ouvert tous les week-ends sans exception. Quelque 380 marchands exposent. Ici, peu de grosses pièces mais quantité de vaisselle, bougeoirs, miroirs... Avenue Georges-Lafenestre, entre les nombreux stands généralistes, chez Jean-Pierre Koch, de l'argenterie du XVIIIe au XXe siècle, en argent massif uniquement. Plus loin, sur le stand de Françoise Warion, La Route du chineur, de petits meubles d'appoint, des pendules Napoléon III, des appliques 1960 ou des miroirs des années 1920 ou 1930 ne sont que quelques-unes des pièces à admirer. Avenue Marc-Sangnier, sur son stand Le Grenier du particulier, Dan Schanus propose bibelots, vaisselle et quelques meubles. À quelques encablures de là et dans un style tout à fait différent, Nicole Andrei est spécialisée dans les meubles de métier et le mobilier industriel. Une expérience enthousiasmante, particulièrement avec les beaux jours ; une ambiance unique, où la gouaille et la mauvaise humeur des marchands font partie du spectacle, les rires et les algarades aussi.

■ *The Vanves flea market is allegedly the oldest in Paris: written records of its existence date back to the late 18th century. This famous second-hand market in the southern part of town now is now spread along Avenues Marc-Sangnier and Georges-Lafenestre. Every weekend of the year, some 380 merchants simply unpack their wares on the sidewalk. Large pieces of furniture are rare, but there's a great quantity of china, candlesticks, mirrors, and other objects. On Avenue Georges-Lafenestre, between the many stands with a varied inventory, Jean-Pierre Koch specializes in 18th- to 20th-century silverware. Everything he sells is solid silver. Nearby, at Françoise Warion's stand named La Route du Chineur, you'll find small furniture items, Second Empire clocks, 1960s lighting sconces, mirrors from the 1920s and '30s, all to be admired at leisure. On Avenue Marc-Sangnier, check Dan Schanus's collection of accessories, china, and cabinets, at Le Grenier du Particulier. A hop, skip, and a jump away, in a totally different style, Nicole Andrei specializes in industrial cabinets and workbenches. On a fine day, a visit to the Vanves flea market is an exhilarating experience. There's atmosphere galore: the dealers' repartee and rudeness are part of the folklore, as is the rowdiness and laughter.*
Saturdays and Sundays, 7 am-1 pm, on Avenue Marc-Sangnier, and 7 am to 3-5 pm (depending on the vendor) on Avenue Georges-Lafenestre (in the 14th arrondissement).

Les Puces de Vanves

179

Le Temps Suspendu

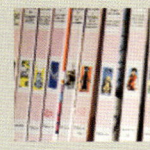

103, rue du Théâtre, 15e
Tél. 01 45 75 80 67
M° La Motte-Picquet-Grenelle
Ouvert du lundi au samedi de 14h à 19h

■ Entre le Temps perdu et le Temps retrouvé, il y a le Temps suspendu, ce moment où passé et présent se mêlent et où le futur se hâte... lentement, très lentement. Ici, chacun trouvera son bonheur dans un mélange hétéroclite de jouets et jeux plus ou moins anciens, de crayons, bons points, livres, vaisselles de poupée pour les nostalgiques d'une enfance idéalisée. Des objets des XIXe et XXe siècles, plus ou moins raffinés, parfois issus du quotidien de nos parents ou grands-parents, chinés chez les particuliers. De la faïence, de petits meubles, des malles en osier, des tableaux, mais aussi de minuscules flacons de parfum, des boîtes aux décors sublimes : autant d'objets charmants et délicieusement désuets qui raviront les dames d'aujourd'hui nostalgiques de la Belle Époque et de ses raffinements, ou des Années folles et de leurs extravagances. Que celles que cela laisserait de marbre se rassurent, les trésors plus récents pleins de charme sont aussi nombreux.

■ *"Suspended Time" is located between "Lost Time" and "Time Regained," at the point where past and present mingle and the future is making haste... but very, very slowly. It's a place to dilly-dally, examining the assortment of more or less vintage toys and games, pencils, schoolbooks, picture books, and dollhouse china, bound to please those who feel sentimental about a vanished childhood. Objects from the 19th and 20th centuries, some of them everyday implements for our parents or grandparents, have been collected from individuals. There's china, small pieces of furniture, wicker trunks, and pictures, as well as tiny perfume flasks and splendidly decorated boxes... All these deliciously old-fashioned objects will enrapture ladies of today, nostalgic for the Belle Époque and its Art Nouveau extravagance or the soaring exuberance of Roaring Twenties Deco. Should these sorts of dreams leave you cold as marble, never fear: more recent treasures with just as much charm are also on display.* **Monday-Saturday, 2-7 pm.**

Le Temps Suspendu

Au Présent du Passé

36, rue Davioud, 16ᵉ
Tél. 01 42 24 06 08
Mᵒ Ranelagh
Ouvert le lundi de 15h à 19h
et du mardi au samedi de 11h à 19h

C'est une brocante de quartier, au charme un tantinet provincial, tenue par Monique Kermel qui fut longtemps libraire avant de succomber à sa passion. Quelques tables, guéridons et meubles supportent des services en faïence, de l'argenterie et de la verrerie. Des petits meubles de jardin, des tableaux, des chromos, des petits bibelots de vitrine, du linge de maison viennent compléter ce large éventail de trouvailles auquel s'ajoute une jolie petite collection de mobilier ancien pour enfant – fauteuils, petites tables, chaises hautes – au charme indéfectible. Les amateurs de poupées anciennes trouveront aussi des services miniatures en porcelaine et en faïence, accompagnés parfois de mobilier très apprécié des spécialistes. Un sans-faute pour cette passionnée d'art et de littérature.

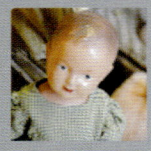

▓ This is a neighborhood second-hand store, with a charming personality that's a touch provincial. Monique Kermel was long a bookseller before yielding to her passion. There are a few guéridon tables and cabinets where china, silverware, and glassware sets are displayed. Garden furniture, paintings, prints, curios, and household linens complement the large variety of treasures, which is topped off by an adorable little collection of antique children's furniture: armchairs, tables and high chairs, straight out of a Victorian nursery. Collectors of antique dolls will find tiny tea-sets in porcelain or faience, as well as the type of dollhouse furniture connoisseurs covet. Kermel's intuitive understanding of art and literature has served her well.

Mondays, 3-7 pm; Tuesday-Saturday, 11 am-7 pm.

CHAT BOTTÉ

187

Aux Salles de Bains rétro

27, rue Benjamin-Franklin, 16e
Tél. 01 47 27 14 50
M° Trocadéro
Ouvert du mardi au samedi de 11h à 18h

Sur rendez-vous au
29-31, rue des Dames, 17e
Tél. 01 43 87 88 00
M° Place-de-Clichy

www.sbrparis.com

■ Vous rêvez de barboter dans une baignoire de marbre, de zinc ou de fonte, ou désirez habiller vos lavabos de robinetteries anciennes ? Aux Salles de Bains rétro est l'adresse incontournable de cet univers. Les baignoires, bien sûr, mais aussi les douchettes mobiles Belle Époque, les robinets mélangeurs pour le bain en forme de dauphin, les consoles, les lavabos sur fonte, la porcelaine fleurie d'époque victorienne, les luminaires ou les flacons… tout est chiné ici ! On proposera néanmoins quelques "antiques", rééditions de modèles anciens.

Parmi les pièces d'exception à admirer à tout prix, la baignoire de la célèbre marquise de La Païva, reine des salons du Second Empire, toute d'onyx miel, véritable emblème de la maison. Autre attrait, la patience et l'habileté de Nicolas Beboutoff, maître des lieux depuis trente ans et restaurateur hors pair, auquel aucun robinet ancien ne peut résister. Si l'adresse du 16e arrondissement est un lieu de présentation des pièces d'importance, celle de la rue des Dames est une vraie caverne d'Ali Baba. Une véritable institution de la décoration – y compris pour les milieux du cinéma, toujours à la recherche d'accessoires remarquables.

■ *Perhaps you dream of taking bubble baths in a marble, zinc, or cast-iron tub. Or would you simply like to find antique faucet fittings for your sinks? Aux Salles de Bains Rétro is the place to go for either of these desires. In addition to tubs, you'll find small portable Belle Époque showers, dolphin-themed faucetry, Victorian flowered porcelain sinks, brackets, light fixtures, bottles, flasks, pedestal sinks... everything here is vintage! Nevertheless, there are a few reproductions of old-fashioned models available here. Among the treasures not to be missed is the honey-colored onyx bathtub in which the famed Marquise de la Païva pampered herself before hosting her Second Empire salons. The patience and skill of Nicolas Beboutoff are another legendary attraction of the house. Its proprietor for thirty years now, he is a peerless restoration expert. No element of vintage plumbing can resist him. The 16th-arrondissement address is the showroom for important pieces, but the shop on the Rue des Dames and the warehouse on the outskirts of Paris are also spectacular sights to see. This dealer is an institution in the world of interior decoration — even for movie set designers, who are always looking for remarkable accessories.*

Tuesday-Saturday, 11 am-6 pm.
By appointment: 29-31, rue des Dames, 17ᵉ

Aux Salles de Bains rétro

Antiquités Delacroix

67, place du Docteur-Félix-Lobligeois, 17e
Tél. 01 42 29 31 36
M° Rome ou Brochant
Ouvert du lundi au samedi de 10h30 à 19h

■ Instinctive, la propriétaire des lieux choisit avec un goût sûr des objets des XVIIIe, XIXe et XXe siècle. Haro sur les copies ! Ici, vous n'en trouverez jamais, Agnès Delacroix, une puriste, s'y refuse absolument. Cette doreuse de métier officie entre deux clients dans sa boutique-atelier, où elle restaure des pièces qui lui sont confiées. Elle est située juste en face de la charmante petite église Sainte-Marie-des-Batignolles, construite en 1826 puis agrandie en 1839, avec sa forme de temple grec et ses colonnes – l'une des rares églises de Paris ne possédant pas de clocher. Dans sa large vitrine en arc de cercle, Agnès offre aux regards des meubles, mais aussi des candélabres, des coffrets en tôle peinte, des services de table en faïence, quelques tableaux, des pièces chinées avec amour. Et, au fond de la boutique, trône une large armoire aux portes grandes ouvertes, pleine de bibelots en tout genre. C'est le coin réservé au bric-à-brac, l'endroit où farfouiller, comme on le ferait avec jubilation dans une vieille malle oubliée au fond d'un grenier.

■ *Endowed with excellent instincts and taste, the proprietress selects pieces from the 18th to 20th centuries. She loathes copies, and has banished them from her domain. As a purist, Agnès Delacroix can't abide them. Trained in the craft of gilding, Ms. Delacroix has a studio where she does restoration work for some clients in the back of the shop, which looks out onto the charming little church Sainte-Marie-des-Batignolles, built 1826-1839, just across the street. Its colonnaded façade is reminiscent of a Greek temple, and it is one of the rare churches without a steeple. Agnès's capacious shop window, ingeniously circular, displays lovingly discovered treasures: candelabras, painted metal chests, china, and a few framed paintings and prints, as well as furniture. A tall cabinet stands at the rear of the store, its doors open wide to reveal all manner of baubles on the shelves within. This is the bric-a-brac corner, where customers are welcome to rummage and explore. It's just as much fun as unpacking a mysterious old trunk you've just found in the back of the attic!*
Monday-Saturday, 10:30 am-7 pm.

Antiquités Delacroix

195

De l'autre côté de la Butte

5, rue Muller, 18e
Tél. 01 42 62 26 06
M° Château-Rouge
Ouvert du mardi au samedi de 14h à 19h
et le dimanche de 15h à 18h

Stand au marché Vernaison,
puces de Saint-Ouen
(Stand 178, allée 8)

■ Montmartre ne se réduit pas aux alentours de la place des Abbesses. Et sa face "cachée", plus secrète, a le privilège insigne d'abriter cette brocante au désordre affirmé et assumé par le propriétaire des lieux, Julien Brisedoux. Installé "de l'autre côté de la Butte" depuis une dizaine d'années, il se fait un plaisir de proposer aux habitants du quartier et aux promeneurs aventureux une sélection de petit mobilier, de tableaux de charme, de bizarreries diverses et de lots savoureux achetés chez des particuliers, des marchands ou sur des foires…

Cet ancien économiste-urbaniste a d'abord été organisateur de colloques entre la France et les États-Unis ou de voyages destinés aux amateurs de pêche en eau douce. Son goût pour les objets restés "dans leur jus" finit un jour par le décider à ouvrir sa boutique. Par la grâce de rencontres insolites dont il est spécialiste, des maquettes d'avions dernière génération élaborées par un vieux monsieur habitant à deux pas de l'aéroport du Bourget, des piles de draps de lin anciens provenant d'un ancien pensionnat religieux, des miroirs trumeaux, de vieilles cartes postales, des journaux, des affiches, des lustres, des verres bistrot et même… une parure de cabaret brésilien en plumes blanches et perles de verre se retrouvent donc, un jour, dans sa boutique. Un rêve de chineur, d'autant qu'ici les prix sont plus que raisonnables. Alors gare aux tentations !

■ *The hidden side of the Montmartre neighborhood happens to host a second-hand store in a hodgepodge the owner of the establishment is proud of. Julien Brisedoux, who settled "on the other side of the hill" about ten years ago, delights in offering the inhabitants of the neighborhood and adventuresome wanderers a selection of cabinets and chairs, unusual works of art, a variety of curios, and jumbles of items purchased from individuals, dealers, or auctions. Formerly an economist and city planner, Brisedoux used to organize seminars for Franco-American scholars, as well as amateur freshwater fishing expeditions. His taste for objects which have stewed "in their own juices" finally drove him to open his own store. State-of-the-art airplane models made by an elderly gentleman who lives near Le Bourget airport, piles of old linen sheets from a boarding school, mantlepiece mirrors, collections of old postcards, magazines, chandeliers, cafe glasses, and even... a Brazilian cabaret headdress made of white feathers and glass beads are among the objects which found their way into his possession. An antique hound's dream, especially due to the more than reasonable prices. Beware of temptations!*
Tuesday-Saturday, 2-7 pm;
Sundays, 3-6 pm.

VOUS ÊT[E]
EN RETA[RD]

De l'autre côté de la Butte

L'Objet qui parle

86, rue des Martyrs, 18e
Tél. 06 09 67 05 30
M° Abbesses
Ouvert du lundi au samedi de 13h à 19h30

■ Il y a les objets qui parlent du passé, de poésie, de mondes enfuis, d'enfance et de mystères. Guillaume et Dominique ont l'art de les choisir. Petit caïman empaillé, incroyables ex-voto aux crucifix en bouteilles, cloches en verre – tout attire le regard, fait sourire, inspire. En franchissant la porte, on quitte Paris pour une destination inconnue, entre le cabinet de curiosités, l'antre d'un magicien ou un grenier oublié. Avec ses murs de brique aux aplats de plâtre en guise de pansements ou couverts de planches peintes aux couleurs d'une favela brésilienne, il est impossible de ne pas avoir un coup de cœur pour cette boutique qui propose aussi des meubles ruraux, des miroirs "soleil" le plus souvent Napoléon III, des tables et coffres en cuir, des lustres. Un lieu magique, à visiter tant pour ses objets que pour le voyage dans le passé auquel il invite.

■ *Certain objects speak of the past, of poetry, of vanished worlds, of childhood and mysteries. Guillaume and Dominique are gifted with the ability to detect them. A small stuffed crocodile, incredible ex-voto offerings of crucifixes in bottles, glass bells: every object attracts your gaze and inspires a smile... When you step over the threshold, you're leaving Paris for an unknown destination, a magician's lair, a curiosity cabinet, or a long-abandoned attic. With its brick walls patched here and there with plaster, or covered with paneling painted in tropical Brazilian favela colors, this boutique is instantly engaging. You'll also find rural furniture, sunburst mirrors — usually Second Empire — coffee tables and leather chests, majestic chandeliers. This enchanting shop should be visited as much for the journey into the past it provides as for the objects it displays.*
Monday-Saturday, 1-7:30 pm.

SEL

L'Objet qui parle

Pages 50/70

15, rue Yvonne-Le-Tac, 18e
Tél. 01 42 52 48 59
M° Abbesses
Ouvert du mardi au samedi de 14h à 19h,
le lundi et le dimanche sur rendez-vous
www.pages50-70.com

Connue des spécialistes comme des amateurs, cette adresse est entièrement dédiée aux créations remarquables de la seconde partie du XXe siècle. Rigoureuse, la sélection de meubles et objets de décoration d'Olivier Verlet ne présente que des pièces dignes des meilleurs ouvrages sur le design : seau à champagne d'Arne Jacobsen, meubles de Charles et Ray Eames, Joe Colombo, Pierre Paulin, Mies van der Rohe ou Eero Saarinen, mais aussi des céramiques signées Roger Capron, Marcel Guillot et des luminaires italiens. La boutique propose aussi des pièces d'art de la table, de la verrerie, et des œuvres parfois déroutantes comme cette superbe tapisserie de Mathieu Matégot, surprenante et fort rare. Chose peu courante à ce niveau d'exigence, les objets présentés n'en sont pas moins vendus à des prix corrects.

■ *Known to professionals and amateurs alike, this address is entirely devoted to the remarkable creations of the second half of the 20th century. Owner Olivier Verlet is a discriminating buyer whose selection contains nothing but museum pieces, classic examples of fine design: an Arne Jacobsen champagne bucket, furniture by Charles and Ray Eames, Joe Colombo, Pierre Paulin, Mies van der Rohe, and Eero Saarinen — not to mention ceramics crafted by Roger Capron and Marcel Guillot, and Italian light fixtures. Other accessories on offer here include serving dishes and table settings, glassware, and the occasional thunderbolt, like the splendid Mathieu Matégot wall hanging, a rare and surprising object. Though it's unusual, the owner's high standards for design quality are not reflected by the prices, which are quite fair.*

Tuesday-Saturday, 2-7 pm;
Mondays and Sundays by appointment.

Pages 50/70

Tombées du camion

15-17, rue Joseph-de-Maistre, 18e
Tél. 06 62 07 20 87
M° Blanche
Ouvert du lundi au vendredi de 13h à 20h,
le samedi et le dimanche de 11h à 20h
tombéesducamion@hotmail.fr

■ Un nom en forme de clin d'œil pour une minuscule caverne d'Ali Baba, mi-cabinet de curiosités, mi-brocante, remplie du sol au plafond d'objets anachroniques surgis du passé. Le génie du lieu, Charles Mas, a d'abord exercé son métier de façon traditionnelle, achetant et revendant des pièces au gré de ses trouvailles. Mais un jour, il réalisa qu'il n'existait aucun lieu où les chineurs pouvaient se procurer un même objet en série. Il décida alors de se focaliser sur l'achat de lots de fonds d'usine (essentiellement en France) et rassembla dans un inventaire absurde et poétique des objets anciens, mais n'ayant jamais été utilisés. Ici, tout est présenté dans de petits casiers en bois : boutons de nacre, interrupteurs en bakélite, yeux de poupée, sifflets de gendarme, étiquettes de bouteilles de parfum anciennes, cadrans de montre, boules de billard, cages à grillons, plaques de graveur, lettres d'imprimeur en bois, nombreux bijoux des années 1970. Bref, un incroyable bric-à-brac d'objet du XXe siècle où plonger avec délices pour se composer un univers très personnel et mystérieux.

■ *The shop that goes by this name, a little joke about stolen goods, is an Ali Baba's cave of treasures, half curiosity shop, half second-hand store, filled to the rafters with anachronistic objects from the past. The resident genie, Charles Mas, used to ply his trade in the usual way, buying and selling items depending on what he found. But one day, he realized that there was not one single store where antique hunters could procure a whole series of a single item. As a result, he decided to focus on buying batches when factories closed (mainly in France), giving rise to an absurd and poetic catalogue of old-fashioned implements which have never been used. Everything is displayed in little wooden cubbyholes: mother-of-pearl buttons, Bakelite switches, dolls' eyes, policemen's whistles, perfume-bottle labels, watch faces, billiard balls, cricket cages, engravers' plates, wooden typefaces, and even a great deal of costume jewelry from the 1970s. Dive into this jumble of 20th-century relics to compose a mysterious individual universe for yourself.*

Monday-Friday, 1-8 pm;
Saturdays and Sundays, 11am-8 pm.

Tombées du camion

211

Zut

Frédéric Daniel Antiquités
7-9, rue Ravignan, 18e
Tél. 06 82 67 81 77
M° Abbesses
Ouvert du mercredi au samedi de 11h à 13h
et de 16h à 19h, le dimanche matin jusqu'à 13h
www.antiquités-industrielles.com

■ Dans sa boutique à la vitrine patinée gris ardoise, les pièces rapportées par Frédéric Daniel semblent hors du temps, comme en suspens, attendant l'instant magique où un acheteur leur insufflera une nouvelle vie. Des pendules comme tombées d'une façade de gare, un bonhomme Michelin en fonte, un feu tricolore, des meubles en tôle, des lampes industrielles, des projecteurs de film, une mappemonde, et puis des horloges et encore des horloges qui, telles de belles endormies, guettent celui ou celle qui les emportera. Spécialisé dans "les antiquités industrielles et les objets urbains", Frédéric se moque des modes et du marché, revendique sa liberté d'esprit, de choix, et rappelle qu'il exerce ce métier par amour, pour le plaisir. D'ailleurs le nom de sa boutique n'est pas dû au hasard, c'est un hommage à un ancien bistrot de la rue, repaire d'anarchistes célèbre en son temps, tenu par Frédéric Gérard (devenu le Frédéric de *Quai des Brumes*), et fermé par les forces de l'ordre en 1903 à la suite d'une rixe. Les horaires d'ouverture de cette maison sont un peu aléatoires, mais Frédéric laisse généralement le numéro de son portable sur la porte : n'hésitez pas à l'appeler, il n'est jamais très loin.

■ In the shop with the suave slate-gray trim, the collection displayed by Frédéric Daniel seems timeless, as if suspended, awaiting the magic moment when a customer will give an object new life. Clocks that seem to have come straight from a railway station, a plump cast-iron Michelin Man, a traffic signal, metal furniture, industrial lamps, film projectors, a globe, and heaps and heaps of clocks, like Sleeping Beauties, biding their time until their Prince or Princess Charming comes. As a specialist in "industrial antiquities and urban objects," Frédéric is blissfully independent of market trends. He prizes his freedom of choice, reminding the listener that he works for love, for sheer pleasure. In fact, he named his boutique "Zut" as an homage to a cafe which once stood on the same street, in its time famous as a meeting place for anarchists. It was owned by one Frédéric Gérard (the Frédéric character in Quai des Brumes), and was closed by the authorities in 1903 following a brawl. In modern times, Zut has somewhat anarchistic hours, but Frédéric usually tapes a card with his cell-phone number on the door, and he's never far away.
Wednesday-Saturday, 11 am-1 pm and 4-7 pm; Sundays, 11 am-1 pm.

Antiquités-Curiosités

62, boulevard de Ménilmontant, 20e
Tél. 06 83 12 70 75
M° Père-Lachaise
Ouvert le mardi et du jeudi au samedi
de 11h à 19h environ

■ Cette petite boutique discrète, perdue entre les restaurants et bars branchés du boulevard, près du cimetière du Père-Lachaise, est tenue par Jean-Louis Demange. Cet ancien photographe professionnel, à force de chiner de vieux appareils photo et de fréquenter les puces avec assiduité, finit par ouvrir un stand dans le marché Paul-Bert aux puces de Saint-Ouen. Après moult péripéties et voyages, il est aujourd'hui brocanteur dans ce quartier en pleine mutation. Au gré de ses coups de cœur, le voilà rapportant tantôt des meubles scandinaves, des sculptures en bronze, du mobilier industriel, tantôt des tables d'architecte, des lampes Perzel, des globes terrestres, des objets de 1900 à 1970, variés et toujours originaux, et d'un très bon rapport qualité-prix. Les professionnels connaissent son adresse et viennent souvent lui rendre visite. Attention, il est conseillé d'appeler avant de passer.

■ This small shop is a well-kept secret, nestled between the hipster bars and restaurants on the boulevard near Père-Lachaise Cemetery. Proprietor Jean-Louis Demange used to work as a professional photographer. But he was an antiques hound who loved to hunt through flea markets, and once he had sniffed out enough vintage cameras, he ended up opening a stand at the Saint-Ouen flea market. Many travels and changes later, he is an antique dealer in a neighborhood on the verge of gentrification. On the strength of his whims, he may bring back Scandinavian furniture, bronze sculpture, industrial furnishings, or architects' drafting tables; Perzel lamps, or globes. The objects from 1900 to 1970 displayed in his boutique are varied, original, and always excellent value for the price. Other dealers often visit to check on his finds. Careful, it's a good idea to phone before dropping in. **Tuesdays and Thursday-Saturday, usually 11 am-7 pm.**

Antiquités-Curiosités

219

Agapè

91, avenue Jean-Baptiste-Clément
92100 Boulogne-Billancourt
Tél. 01 47 12 04 88
M° Boulogne-Jean-Jaurès
Ouvert du mardi au samedi de 11h à 19h
www.agapedeco.com

■ Julie Isoré chine, détourne et restaure des pièces de styles et d'époques divers, de la tendance récup' brute à l'esprit néo-industriel, en passant par la case "maison de charme", toujours avec virtuosité. Dans sa boutique aux murs tapissés de planches blanchies et au sol recouvert de carreaux de ciment à motifs, la magie opère. Des meubles en teck blond typiques des années 1960 rencontrent des lustres à pampilles de cristal, un œil-de-bœuf en zinc surplombe une table hollandaise. De nombreux casiers et armoires d'usine ou d'atelier en métal restaurés par la maîtresse des lieux sont aussi en très bonne place. Fine et discrète, cette jeune femme à l'énergie étonnante avoue une prédilection pour le blanc et les gris qui se retrouvent aussi sur les pendules et les commodes. Par goût du détail, elle chine aussi des bougeoirs en sulfure d'argent, des cloches de mariage et toutes sortes de curiosités pleines d'esprit. Julie réalise également de nombreux chantiers de décoration et sait redonner vie et style à tous les vieux meubles oubliés dans une cave ou un grenier.

Julie Isoré hunts down, transforms, and restores pieces from a number of different periods and styles. Like a virtuoso, she can strike a note of harmony between salvaged, stripped-down materials and the neo-industrial esthetic, without losing any of the warmth of a cozy home. Magic dwells in her white-paneled shop with the patterned cement-tile floor. Danish modern teak furniture typical of the 1960s converses with a crystal chandelier; a bull's-eye window overlooks a Dutch table. A number of cubbyholes and filing cabinets from factories or craftsmen's shops have been attractively restored by the proprietress. Slender and discreet, this young woman with the astounding energy admits that she has a predilection for white and shades of gray, noticeable in the clocks and chests of drawers. Because she adores the devil in the details, she has also found argentite candlesticks, wedding bells, and all sorts of other witty conversation pieces. Julie also takes on a number of interior decorating jobs, and knows how to give pizzazz to old furniture forgotten in an attic or basement. **Tuesday-Saturday, 11 am-7 pm.**

Agapè

223

XXO

78, rue de la Fraternité
93230 Romainville
Tél. 01 48 18 08 88
Ouvert du lundi au vendredi de 9h à 18h30
www.xxo.com

Il n'est pas une agence de publicité ou un décorateur de cinéma qui ne connaisse cet incroyable entrepôt de plus de 3 500 mètres carrés. Créé en 1998 par trois anciens brocanteurs des puces de Vanves et de Saint-Ouen, cette "Mecque du design" rassemble la plus importante collection vintage que l'on puisse voir en Europe. Près de 2 500 pièces (bureaux, lampes, mobilier de salle de bains et même... téléphones !) sont ici rassemblées et peuvent être vendues ou louées dans cet espace mi-boutique mi-entrepôt. Sixties ou seventies, les meubles et objets édités par les plus grandes maisons d'édition du design – Knoll, Artemide, Kartell – et les plus belles signatures – Pierre Paulin, Philippe Starck, Fernando et Umberto Campana, Mourgue, Charles et Ray Eames, Fritz Hansen, Herman Miller – sont là, sans oublier quelques stars transalpines. Du plastique monochrome, du cuir stylé, de l'alu, du bois : de quoi rendre fous tous les amateurs !

Every self-respecting ad or set designer is familiar with this incredible warehouse, with its surface area of over 35,000 square feet. Founded in 1998 by three former dealers from the Vanves and Saint-Ouen flea markets, this "design mecca" is the home of the largest vintage collection in Europe, with an inventory of nearly 2,500 pieces (desks, lamp, bathroom furnishing, and even telephones!). All of the objects are available for sale or lease in this space which is half furniture warehouse, half retailer. You'll admire mint-condition sixties and seventies classics, the furniture and accessories from the biggest brands in the art of design — Knoll, Artemide, and Kartell — and the most famous and innovative designers: Pierre Paulin, Philippe Starck, Fernando and Umberto Campana, Mourgue, Charles and Ray Eames, Fritz Hansen, and Herman Miller, as well as some other Italian stars. Monochromatic plastic, stylish leather, aluminum, wood... Lovers of design will go wild!

Monday-Friday, 9 am-6:30 pm.

XXO

Les Puces de Saint-Ouen

Rues des Rosiers, Jules-Vallès, Biron, Paul-Bert
93400 Saint-Ouen
Renseignements au 0892 705 765
M° Porte-de-Saint-Ouen ou Porte-de-Clignancourt
Ouvert les samedi, dimanche et lundi de 9h à 18h
www. parispuces.com
L'office du tourisme de la ville de Saint-Ouen
propose quatre visites guidées par an
pour ceux qui voudraient les découvrir autrement
Tél. 01 40 11 77 36
Visite audio-guidée téléchargeable sur MP3 sur
www.pocketvox.com.

■ Les puces de Saint-Ouen, tout comme leurs cousines lon-
doniennes de Portobello Road, sont connues dans le monde
entier, elles sont même classées Zone de protection du patrimoine architectural urbain et paysagé ! C'est à l'extension de
l'octroi en 1860, imposé aux marchandises rentrant dans
Paris, que l'on doit en partie leur existence. À cette époque,
chiffonniers, ferrailleurs et autres petites gens essayaient de vendre leurs marchandises
à l'entrée des fortifications pour ne pas avoir à acquitter cette taxe. Peu à peu, ils s'instal-
leront et donneront naissance à nos puces. Aujourd'hui, une quinzaine de marchés forment
cet ensemble : Vernaison, le plus ancien (1885), mais aussi Dauphine, le plus récent, ou
encore Biron, dont les antiquaires se constituèrent en société dès 1925. Chacun a son
mode de fonctionnement et comprend plusieurs dizaines de marchands. Les puces s'éten-
dent sur près de 7 hectares et rassemblent plus de 2 000 enseignes. Dans ces marchés,
pour certains couverts, les stands croulent sous les marchandises les plus diverses :
meubles, objets, tableaux, vêtements, bricoles, en passant par des pièces somptueuses.
Chacun peut y trouver son bonheur. En arrivant par la porte de Saint-Ouen, ne ratez sous

aucun prétexte les délicieux pavillons couverts de glycine de la rue Paul-Bert. Chaque maisonnette réserve son lot de surprises et vaut le détour. Plus loin, le marché du même nom, sans doute le plus branché, connu de tous les stylistes et décorateurs, offre lui aussi quantité de merveilles. Chez Pierre Bazalgues, les objets de curiosité enchantent : cloches en verre, squelettes et autres trésors propices à l'élaboration d'un cabinet de curiosités ne manquent pas. On peut aussi faire un saut au marché Cambon pour s'offrir une vieille malle Vuitton au Monde du Voyage, qui ne vend que des bagages des années 1920 à 1930. Reste ensuite à trouver un transatlantique pour voyager ! Ceux qui cherchent une ambiance plus authentique, plus proche des puces à l'ancienne, se feront un plaisir d'explorer les tortueuses allées du marché Vernaison, avec ses stands de verreries, d'objets scientifiques...

Les Puces de Saint-Ouen

■ Like its London cousin at Portobello Road, the Saint-Ouen flea market has attained world renown. It is even listed as a Protected Urban Architectural Heritage Zone with the appropriate authorities. The flea market was born as a means of dodging a tax levied in the 19th century on merchandise entering Paris. At that time, ragpickers, vendors of scrap metal, and other street merchants stopped their pushcarts outside the city's fortifications, to avoid paying the tax. Gradually, they built somewhat more permanent stalls, similar to the flea market you see today. Currently, they are collected in some fifteen markets. Vernaison is the oldest (1885); Dauphine is the most recent. The antique dealers of the Marché Biron had formed their own company by 1925. Each of the markets operates differently and includes several dozen dealers. The flea market covers nearly 20 acres and some 2,000 dealers are registered there. In the aisles of the markets, some of which are covered, the stalls overflow with a variety of goodies: antique armchairs, wardrobes, statuettes, prints, clothing, costume jewelry, and notions, not to mention valuable museum pieces. There's something for every budget, which is, in fact, what makes the flea market so attractive. As you enter the flea market via the Porte de Saint-Ouen, make sure to visit the adorable little wisteria-covered houses on the Rue Paul-Bert. Each of them contains a batch of surprises well worth exploring. Next, you'll come to the Marché Paul Bert, where all the hipster fashionistas and designers shop. You'll soon see why! Pierre Bazalgue has an enchanting collection of curiosities: glass bells, skeletons, and other treasures which could form the basis for an excellent cabinet are available in abundance. You can also stroll over to the Marché Cambon and treat yourself to an old Vuitton trunk at Le Monde du Voyage, which sells vintage 1920s luggage. Then all you need is a transatlantic liner for your crossing. So much for the upmarket side. Shoppers seeking the mood which reigned before the flea market became respectable will adore the labyrinthine aisles of the Marché Vernaison, with its vendors of glassware and scientific equipment.

Saturday-Monday, 9 am-6 pm.
The Saint-Ouen tourist bureau offers four guided flea-market tours per year.
Phone for information: +33 (0)1 40 11 77 36
Downloadable English audio guide available in mp3 format at www.pocketvox.com.

Les Puces de Saint-Ouen

Carnet d'adresses
List of addresses

Agapè
www.agapedeco.com
- 91, avenue Jean-Baptiste-Clément
92100 Boulogne-Billancourt
Tél. 01 47 12 04 88
M° Boulogne-Jean-Jaurès

À la Mine d'Argent
www.minedargent.com
- 108, rue du Bac, 7e
Tél. 01 45 48 70 68
M° Sèvres-Babylone

À l'Orientale
- Arcades du Palais-Royal
19-22, galerie de Chartres, 1er
Tél. 01 42 96 43 16
M° Palais-Royal-Musée-du-Louvre

Antiquités-Curiosités
- 62, boulevard de Ménilmontant, 20e
Tél. 06 83 12 70 75
M° Père-Lachaise

Antiquités Delacroix
- 67, place du Docteur-
Félix-Lobligeois, 17e
Tél. 01 42 29 31 36
M° Rome ou Brochant

As'Art
www.as-art.fr
- 3, passage du Grand-Cerf, 2e
Tél. 01 44 88 90 40
M° Étienne-Marcel
- 35, rue Saint-Paul, 4e
Tél. 01 48 04 58 41
M° Saint-Paul

Astier de Villatte
www.astierdevillatte.com
- 173, rue Saint-Honoré, 1er
Tél. 01 42 60 74 13
M° Tuileries ou Palais-Royal-
Musée-du-Louvre
- 63, boulevard Masséna, 13e
Tél. 01 43 45 72 72
M° Porte-d'Ivry

Au Bon Usage
www.aubonusage.com
- 21, rue Saint-Paul, 4e
Tél. 01 42 78 80 14
M° Saint-Paul

Au Petit Bonheur la Chance
- 13, rue Saint-Paul, 4e
Tél. 01 42 74 36 38
M° Saint-Paul

Au Présent du Passé
- 36, rue Davioud, 16e
Tél. 01 42 24 06 08
M° Ranelagh

Au Progrès
www.auprogres.net
• 11 bis, rue Faidherbe, 11e
Tél. 01 43 71 70 61
M° Faidherbe-Chaligny

Aux Salles de Bains rétro
www.sbrparis.com
• 27, rue Benjamin-Franklin, 16e
Tél. 01 47 27 14 50
M° Trocadéro
• 29-31, rue des Dames, 17e
Tél. 01 43 87 88 00
M° Place-de-Clichy

Aux Trois Singes
• 23, rue Saint-Paul, 4e
Tél. 01 42 72 73 69
M° Saint-Paul

Balouga
www.balouga.com
• 25, rue des Filles-du-Calvaire, 3e
Tél. 01 42 74 01 49
M° Filles-du-Calvaire

Belle Lurette
• 5, rue du Marché-Popincourt, 11e
Tél. 01 43 38 67 39
M° Parmentier

Brokatik
• 2, rue de l'Hôpital-Saint-Louis, 10e
Tél. 01 42 40 10 34
M° Gare-de-l'Est ou Colonel-Fabien

Caravane Chambre
www.caravane.fr
• 19, rue Saint-Nicolas, 12e
Tél. 01 53 02 96 96
M° Ledru-Rollin

Caravane Emporium
www.caravane.fr
• 22, rue Saint-Nicolas, 12e
Tél. 01 53 17 18 55
M° Ledru-Rollin

Carouche
www.carouche-typepad.com
• 18, rue Jean-Macé, 11e
Tél. 01 43 73 53 03
M° Charonne

Claude Nature
www.claudenature.com
• 32, boulevard Saint-Germain, 5e
Tél. 01 44 07 30 79
M° Maubert-Mutualité

Complément d'objet
www.complementdobjet.com
• 11, rue Jean-Pierre-Timbaud, 11e
Tél. 01 43 57 09 28
M° Oberkampf

Cuisinophilie
• 28, rue du Bourg-Tibourg, 4e
Tél. 01 40 29 07 32
M° Saint-Paul

Dans l'air du temps
• 12, rue Lacépède, 5e
Tél. 01 42 17 06 39
M° Place-Monge

De l'autre côté de la Butte
• 5, rue Muller, 18e
Tél. 01 42 62 26 06
M° Château-Rouge

Design & Things
www.alexislahellec.com
• 22, rue du Pont-Neuf, 1er
Tél. 01 42 33 41 25
M° Les Halles ou Pont-Neuf

Deyrolle
www.deyrolle.fr
• 46, rue du Bac, 7e
Tél. 01 42 22 30 07
M° Rue-du-Bac

Et Puis c'est Tout
• 72, rue des Martyrs, 9e
Tél. 01 40 23 94 02
M° Pigalle

Fiesta
www.fiesta-galerie.fr
• 45, rue Vieille-du-Temple, 4e
Tél. 01 42 71 53 34
M° Saint-Paul

Fuchsia
• 2, rue de l'Ave-Maria, 4e
Tél. 01 48 04 75 61
M° Saint-Paul

Galerie Alexis Lahellec
www.alexislahellec.com
• 14-16, rue Jean-Jacques-
Rousseau, 1er
Tél. 01 42 33 36 95
M° Palais-Royal-Musée-du-Louvre
ou Louvre-Rivoli

Galerie Dansk
www.galeriedansk.com
• 31, rue Charlot, 3e
Tél. 01 42 71 45 95
M° Filles-du-Calvaire ou Temple

Images et Portraits
• 35-37, rue Charlot, 3e
(entrée possible également par
le 39, rue de Bretagne)
Tél. 06 65 23 95 03
M° Filles-du-Calvaire ou Temple

Jérôme Lepert
• 106, rue Vieille-du-Temple, 3e
Tél. 06 10 18 18 88
M° Filles-du-Calvaire

Kin Liou
• 81, rue du Bac, 7e
Tél. 01 45 48 80 85
M° Rue-du-Bac ou Sèvres-Babylone

La Calinière
• 68, rue Vieille-du-Temple, 3e
Tél. 01 42 77 40 46
M° Saint-Paul

La Maison
• 3, rue Neuve-Popincourt, 11e
Tél. 01 48 06 59 47
M° Parmentier

La Tortue Électrique
www.tortue-electrique.com
• 7, rue Frédéric-Sauton, 5e
Tél. 01 43 29 37 08
M° Maubert-Mutualité

Le Château de ma mère
• 108, avenue Ledru-Rollin, 11e
Tél. 01 43 14 26 03
M° Ledru-Rollin

Les Curieuses
www.lescurieuses.com
• 4, rue Oberkampf, 11e
Tél. 01 47 00 97 65
M° Filles-du-Calvaire

Les Frères Nordin
• 215, rue du Faubourg-
Saint-Antoine, 11e
Tél. 01 43 72 38 35
M° Faidherbe-Chaligny

Les Modernistes
www.lesmodernistes.com
• 2, rue Théophile-Roussel, 12e
Tél. 06 26 12 37 41
M° Ledru-Rollin

Les Portes du Monde
www.portesdumonde-paris.com
• 166, boulevard du Montparnasse, 14e
Tél. 01 43 35 01 02
RER Port-Royal ou M° Vavin

Les Puces de Saint-Ouen
www. parispuces.com
• Rues des Rosiers, Jules-Vallès,
Biron, Paul-Bert
93400 Saint-Ouen
Tél. 08 92 705 765
M° Porte-de-Saint-Ouen
ou Porte-de-Clignancourt

Les Puces de Vanves
www.pucesdevanves.typepad.com
• Avenues Marc-Sangnier et
Georges-Lafenestre, 14e
M° Porte-de-Vanves

Les Touristes
www.lestouristes.eu
• 17, rue des Blancs-Manteaux, 4e
Tél. 01 42 72 10 84
M° Hôtel-de-Ville

Le Temps Suspendu
• 103, rue du Théâtre, 15e
Tél. 01 45 75 80 67
M° La Motte-Picquet-Grenelle

L'Objet qui parle
• 86, rue des Martyrs, 18e
Tél. 06 09 67 05 30
M° Abbesses

L'Œil du Pélican
www.loeildupelican.fr
• 13, rue Jean-Jacques-Rousseau, 1er
Tél. 01 40 13 70 00
M° Palais-Royal-Musée-du-Louvre
ou Louvre-Rivoli

Loulou les Âmes Arts
• 104, quai de Jemmapes, 10e
Tél. 01 42 00 91 39
ou 06 11 42 35 98
M° Jacques-Bonsergent

Masala
www.masala.fr
• 44, rue Monsieur-le-Prince, 6e
Tél. 01 56 24 11 47
RER Luxembourg ou M° Odéon

Pages 50/70
www.pages50-70.com
• 15, rue Yvonne-Le-Tac, 18e
Tél. 01 42 52 48 59
M° Abbesses

Rarissime
• 18, rue Saint-Roch, 1er
Tél. 01 42 96 30 49
M° Pyramides ou Tuileries

Rickshaw
www.rickshaw.fr
• 7, passage du Grand-Cerf, 2e
Tél. 01 42 21 41 03
M° Étienne-Marcel

Rickshaw Textiles
www.rickshaw.fr
• 10, passage du Grand-Cerf, 2e
Tél. 01 40 26 37 95
M° Étienne-Marcel

Tombées du camion
• 15-17, rue Joseph-de-Maistre, 18e
Tél. 06 62 07 20 87
M° Blanche

Trolls et Puces
• 1, rue du Marché-Popincourt, 11e
Tél. 01 43 14 60 00
M° Parmentier

Weber Métaux et Plastiques
www.weber-france.com
• 9, rue de Poitou, 3e
Tél. 01 42 71 23 45
M° Filles-du-Calvaire
• 66, rue de Turenne, 3e
Tél. 01 42 71 23 45
M° Filles-du-Calvaire
• 34, rue Maurice-Gunsbourg
94200 Ivry-sur-Seine
Tél. 01 46 72 34 00

XXO
www.xxo.com
• 78, rue de la Fraternité
93230 Romainville
Tél. 01 48 18 08 88

Zut
Frédéric Daniel Antiquités
www.antiquités-industrielles.com
• 7-9, rue Ravignan, 18e
Tél. 06 82 67 81 77
M° Abbesses

Édition : Sandrine Gulbenkian et Clara Mackenzie
Direction artistique : Isabelle Chemin
Maquette : Sophie Compagne/Albert & cie

Toutes les photographies sont de Sandrine Alouf,
à l'exception de celles des pages 228 à 240 (© Sophie Compagne).

Avec la collaboration de
Laurence Alvado, Lilith Cowan,   Achevé d'imprimer en décembre 2008   ISBN : 978-2-84096-521-3
Sylvie Nouaille et Mélanie Uleyn   sur les presses de l'imprimerie   Dépôt légal : février 2008
Traduction : Anita Conrade   Mariogros, en Italie